M. Tullius Cicero

Reden gegen Verres VI

Zweite Rede gegen C. Verres
Fünftes Buch

Lateinisch / Deutsch

Übersetzt und herausgegeben
von Gerhard Krüger

Philipp Reclam jun. Stuttgart

Universal-Bibliothek Nr. 4018
Alle Rechte vorbehalten
© 1994 Philipp Reclam jun. GmbH & Co., Stuttgart
Gesamtherstellung: Reclam, Ditzingen. Printed in Germany 1994
RECLAM und UNIVERSAL-BIBLIOTHEK sind eingetragene
Warenzeichen der Philipp Reclam jun. GmbH & Co., Stuttgart
ISBN 3-15-004018-3

M. Tulli Ciceronis
actionis in C. Verrem secundae

liber quintus
qui inscribitur de suppliciis

Zweite Rede des M. Tullius Cicero
gegen C. Verres

Fünftes Buch
Von den Leibesstrafen

1 (1) Nemini video dubium esse, iudices, quin apertissime C. Verres in Sicilia sacra profanaque omnia et privatim et publice spoliarit, versatusque sit sine ulla non modo religione verum etiam dissimulatione in omni genere furandi atque praedandi. Sed quaedam mihi magnifica et praeclara eius defensio ostenditur; cui quem ad modum resistam multo mihi ante est, iudices, providendum. Ita enim causa constituitur, provinciam Siciliam virtute istius et vigilantia singulari dubiis formidolosisque temporibus a fugitivis atque a belli periculis tutam esse servatam. (2) Quid agam, iudices? quo accusationis meae rationem conferam? quo me vertam? ad omnis enim meos impetus quasi murus quidam boni nomen imperatoris opponitur. Novi locum; video ubi se iactaturus sit Hortensius. Belli pericula, tempora rei publicae, imperatorum penuriam commemorabit; tum deprecabitur a vobis, tum etiam pro suo iure contendet ne patiamini talem imperatorem populo Romano Siculorum testimoniis eripi, ne obteri laudem imperatoriam criminibus avaritiae velitis.

(3) Non possum dissimulare, iudices; timeo ne C. Verres propter hanc eximiam virtutem in re militari omnia quae fecit impune fecerit. Venit enim mihi in mentem in iudicio M'. Aquili quantum auctoritatis, quantum momenti oratio M. Antoni habuisse existimata sit; qui, ut erat in dicendo non solum sapiens sed etiam fortis, causa prope perorata ipse arripuit M'. Aquilium constituitque in conspectu omnium

1 (1) Niemandem, wie ich sehe, ist es zweifelhaft, ihr Richter[1], daß C. Verres ganz offen in Sizilien alles Geweihte und Ungeweihte, alles, was Privatpersonen und Gemeinden gehörte, geplündert und ohne den geringsten Skrupel, ja sogar ohne den geringsten Versuch, es geheimzuhalten, jede Art von Diebstahl und Raub betrieben hat. Doch etwas ganz Großartiges und Ehrenvolles hält man mir zu seiner Verteidigung entgegen. Wie ich dem entgegentrete, das muß ich mir von vornherein gründlich überlegen, ihr Richter. Denn die Sache wird so hingestellt: die Provinz Sizilien sei durch die hervorragende Tüchtigkeit und Wachsamkeit des Verres in unsicheren und furchterregenden Zeiten sicher vor entlaufenen Sklaven und vor Kriegsgefahren bewahrt worden.[2]
(2) Was soll ich tun, ihr Richter? Worauf die Beweisführung meiner Anklage konzentrieren, welchen Weg einschlagen? Denn allen meinen Angriffen wird wie eine Mauer der Name eines tüchtigen Feldherrn entgegengestellt. Ich kenne den Punkt; ich sehe, worauf sich Hortensius werfen wird. Auf die Gefahren des Krieges, die schlechte politische Lage, den Mangel an Feldherren wird er hinweisen; dann wird er euch bitten, dann sogar verlangen, als sei es sein gutes Recht, ihr solltet nicht dulden, daß ein so tüchtiger Feldherr dem römischen Volk durch die Zeugenaussagen der Sizilier verlorengehe, ihr solltet nicht den Feldherrnruhm durch den Vorwurf der Habgier zunichte machen lassen.
(3) Ich kann es nicht verhehlen, ihr Richter: ich fürchte, C. Verres hat wegen seiner hervorragenden militärischen Tüchtigkeit alles, was er getan, ungestraft getan. Mir fällt nämlich ein, welche Bedeutung, welches Gewicht in dem Gerichtsverfahren gegen M'. Aquilius die Rede des M. Antonius gehabt haben soll.[3] Der trat beim Reden nicht nur klug, sondern auch energisch auf, und so packte er, als er sein Plädoyer fast beendet hatte, mit seinen eigenen Händen den M'. Aquilius und stellte ihn vor aller Augen hin und riß ihm die Kleider

5

tunicamque eius a pectore abscidit, ut cicatrices populus
Romanus iudicesque aspicerent adverso corpore exceptas;
simul et de illo vulnere quod ille in capite ab hostium duce
acceperat multa dixit, eoque adduxit eos qui erant iudica-
turi vehementer ut vererentur ne, quem virum fortuna ex
hostium telis eripuisset, cum sibi ipse non pepercisset, hic
non ad populi Romani laudem sed ad iudicum crudelitatem
videretur esse servatus. (4) Eadem nunc ab illis defensionis
ratio viaque temptatur, idem quaeritur. Sit fur, sit sacrilegus,
sit flagitiorum omnium vitiorumque princeps; at est bonus
imperator, at felix et ad dubia rei publicae tempora reservan-
dus. 2 Non agam summo iure tecum, non dicam id quod
debeam forsitan obtinere, cum iudicium certa lege sit, – non
quid in re militari fortiter feceris, sed quem ad modum
manus ab alienis pecuniis abstinueris abs te doceri oportere;
non, inquam, sic agam, sed ita quaeram, quem ad modum te
velle intellego, quae tua opera et quanta fuerit in bello.
(5) Quid dicis? an bello fugitivorum Siciliam virtute tua
liberatam? Magna laus et honesta oratio; sed tamen quo
bello? Nos enim, post illud bellum quod M'. Aquilius confe-
cit, sic accepimus, nullum in Sicilia fugitivorum bellum
fuisse. 'At in Italia fuit.' Fateor, et magnum quidem ac vehemens. Num igitur ex eo bello partem aliquam laudis appetere
conaris? num tibi illius victoriae gloriam cum M. Crasso aut
Cn. Pompeio communicatam putas? Non arbitror hoc etiam
tuae deesse impudentiae, ut quicquam eius modi dicere
audeas. Obstitisti videlicet ne ex Italia transire in Siciliam

von der Brust, damit das römische Volk und die Richter die Narben sehen könnten, die er vorn an seinem Körper hatte. Und zugleich sprach er wortreich über die Wunde, die Aquilius vom Anführer der Feinde[4] am Kopf erhalten hatte, und er brachte diejenigen, die über ihn richten sollten, dahin, daß sie mit großer Sorge daran dachten, es könnte so aussehen, als sei der Mann, den das Schicksal den Geschossen der Feinde entrissen habe, obwohl er sich selbst nicht geschont hatte, nicht zum Ruhm des römischen Volkes, sondern für die Grausamkeit der Richter unversehrt erhalten geblieben. (4) Dieselbe Art und Weise der Verteidigung probieren jetzt unsere Gegner aus; sie suchen dasselbe zu erreichen. Er mag ein Dieb, ein Tempelräuber, ein Ausbund aller Schandtaten und Laster sein: aber er ist ein tüchtiger Feldherr, aber er ist erfolgreich und muß für unsichere Zeiten des Staates erhalten bleiben. 2 Ich will nicht nach strengstem Recht mit dir verfahren und nicht sagen, woran ich vielleicht festhalten sollte, da das Gerichtsverfahren nach einem bestimmten Gesetz[5] stattfindet: nicht was du auf militärischem Gebiet Tüchtiges vollbracht, sondern wie du deine Hände von fremdem Geld ferngehalten hast, müßtest du aufzeigen – nicht, wiederhole ich, will ich so mit dir verfahren, sondern untersuchen, was du, wie ich merke, selbst wünschst: was und wie groß deine Leistung im Krieg gewesen ist.

(5) Was behauptest du? Etwa, daß Sizilien durch deine Tüchtigkeit vom Krieg gegen die flüchtigen Sklaven verschont geblieben sei? Eine große, ruhmvolle Leistung und eine achtbare Äußerung; indes, von welchem Krieg? Denn nach dem Krieg, den M'. Aquilius beendet hat, haben wir von keinem Sklavenkrieg in Sizilien mehr gehört. »Aber es war einer in Italien.« Ich gebe es zu, und zwar im größer und schrecklicher. Willst du denn etwa von diesem Krieg einen Teil des Ruhmes für dich beanspruchen? Glaubst du etwa, du könntest die Ehre jenes Sieges mit M. Crassus oder Cn. Pompeius teilen?[6] Ich glaube, deine Unverschämtheit wird es auch daran nicht fehlen lassen, daß du so etwas zu behaupten wagst. Du hast es natürlich verhindert, daß die Sklavenban-

fugitivorum copiae possent. Ubi, quando, qua ex parte? cum aut ratibus aut navibus conarentur accedere? Nos enim nihil umquam prorsus audivimus, sed illud audivimus, M. Crassi, fortissimi viri, virtute consilioque factum ne ratibus coniunctis freto fugitivi ad Messanam transire possent, a quo illi conatu non tanto opere prohibendi fuissent, si ulla in Sicilia praesidia ad illorum adventum opposita putarentur. (6) At cum esset in Italia bellum tam prope a Sicilia, tamen in Sicilia non fuit. Quid mirum? ne cum in Sicilia quidem fuit eodem intervallo, pars eius belli in Italiam ulla pervasit. **3** Etenim propinquitas locorum ad utram partem hoc loco profertur? utrum aditum facilem hostibus an contagionem imitandi belli periculosam fuisse? Aditus omnis hominibus sine ulla facultate navium non modo disiunctus sed etiam clausus est, ut illis quibus Siciliam propinquam fuisse dicis facilius fuerit ad Oceanum pervenire quam ad Peloridem accedere. (7) Contagio autem ista servilis belli cur abs te potius quam ab iis omnibus qui ceteras provincias obtinuerunt praedicatur? An quod in Sicilia iam antea bella fugitivorum fuerunt? at ea ipsa causa est cur ista provincia minimo in periculo sit et fuerit. Nam posteaquam illinc M'. Aquilius decessit, omnium instituta atque edicta praetorum fuerunt eius modi ut ne quis cum telo servus esset. Vetus est quod dicam, et propter severitatem exempli nemini fortasse vestrum inauditum, L. Domitium praetorem in Sicilia, cum aper ingens ad eum adlatus esset, admiratum requisisse quis eum percussisset; cum audisset pastorem cuiusdam fuisse, eum vocari ad se iussisse; illum cupide ad praetorem quasi ad laudem atque ad

den von Italien nach Sizilien übersetzen konnten. Wo, wann, an welcher Stelle? Als sie auf Flößen oder Schiffen zu landen versuchten? Wir haben nämlich hiervon niemals auch nur etwas gehört; wohl aber haben wir gehört, daß die energischen und klugen Maßnahmen des tüchtigen Crassus es den Sklaven unmöglich machten, auf zusammengebundenen Flößen die Meerenge nach Messana zu überqueren; an diesem Versuch hätte man sie nicht mit einem solchen Aufwand an Kräften hindern müssen, wenn man hätte glauben dürfen, in Sizilien seien irgendwelche Truppen zum Schutz gegen ihren Einfall aufgestellt gewesen.

(6) »Doch als in Italien, so nahe an Sizilien, Krieg war, ist doch in Sizilien keiner gewesen.« Was Wunder? Auch als in Sizilien in gleicher Entfernung Krieg war, drang nichts davon nach Italien hinüber. 3 Denn wozu bringt man die örtliche Nähe hier vor? Um deutlich zu machen, daß der Zugang für die Feinde leicht oder die Ansteckungsgefahr des Beispiels gefährlich gewesen sei? Jeder Zugang war für Menschen, die keine Schiffe zur Verfügung hatten, nicht nur abgeschnitten, sondern sogar gänzlich versperrt, so daß es für die, denen Sizilien nahe lag, wie du sagst, leichter gewesen wäre, an den Ozean zu gelangen als zum Kap Peloris zu kommen.[7] (7) Die Ansteckungsgefahr des Sklavenkrieges aber, warum hebst du sie mehr hervor als all jene, die die übrigen Provinzen verwaltet haben? Etwa weil es in Sizilien schon vorher Sklavenkriege gegeben hat? Aber gerade das ist der Grund, weshalb sich diese Provinz in der geringsten Gefahr befindet und befunden hat. Denn seit M'. Aquilius von dort weggegangen ist, enthalten die Verordnungen und Erlasse aller Prätoren die Bestimmung, daß kein Sklave im Besitz einer Waffe sein dürfe. Es ist eine alte Geschichte, die ich jetzt erzählen will, und wegen der Strenge des Beispiels wohl keinem von euch unbekannt: Als L. Domitius[8] Prätor in Sizilien war, überbrachte man ihm einen riesigen Eber; verwundert fragte er, wer ihn erlegt habe; als er hörte, es sei der Hirte von irgend jemandem gewesen, ließ er den Mann zu sich rufen; der lief eilig zum Prätor, als erwarte ihn ein Lob und eine Beloh-

praemium accucurrisse; quaesisse Domitium qui tantam bestiam percussisset; illum respondisse, venabulo; statim deinde iussu praetoris in crucem esse sublatum. Durum hoc fortasse videatur, neque ego ullam in partem disputo: tantum intellego, maluisse Domitium crudelem in animadvertendo quam in praetermittendo dissolutum videri. 4 (8) Ergo his institutis provinciae iam tum, cum bello sociorum tota Italia arderet, homo non acerrimus nec fortissimus, C. Norbanus, in summo otio fuit: perfacile enim sese Sicilia iam tuebatur, ut ne quod ex ipsa bellum posset exsistere. Etenim cum nihil tam coniunctum sit quam negotiatores nostri cum Siculis usu, re, ratione, concordia, et cum ipsi Siculi res suas ita constitutas habeant ut iis pacem expediat esse, imperium autem populi Romani sic diligant ut id imminui aut commutari minime velint, cumque haec a servorum bello pericula et praetorum institutis et dominorum disciplina provisa sint, nullum est malum domesticum quod ex ipsa provincia nasci possit.
(9) Quid igitur? nulline motus in Sicilia servorum Verre praetore, nullaene consensiones factae esse dicuntur? Nihil sane quod ad senatum populumque Romanum pervenerit, nihil quod iste publice Romam scripserit; et tamen coeptum esse in Sicilia moveri aliquot locis servitium suspicor. Id adeo non tam ex re quam ex istius factis decretisque cognosco. Ac videte quam non inimico animo sim acturus: ego ipse haec quae ille quaerit, quae adhuc numquam audistis, commemorabo et proferam.

nung; Domitius fragte ihn, wie er ein so großes Tier erlegt habe; der antwortete, mit einem Jagdspieß; da sei er sofort auf Befehl des Prätors ans Kreuz geschlagen worden.[9] Das mag vielleicht hart erscheinen, und ich will nicht erörtern, was dafür und was dagegen spricht; nur so viel ist mir klar, daß Domitius lieber grausam im Bestrafen als fahrlässig im Hingehenlassen erscheinen wollte. 4 (8) Infolge dieser Grundsätze in der Provinzverwaltung hatte schon damals, als doch ganz Italien von den Flammen des Bundesgenossenkrieges loderte, C. Norbanus[10], ein nicht besonders tatkräftiger und tüchtiger Mann, die vollkommenste Ruhe; denn sehr leicht schützte sich Sizilien nunmehr selbst, so daß dort kein Krieg ausbrechen konnte. Denn da es keine engere Verbindung gibt als die zwischen unseren Kaufleuten und den Siziliern (sie ist bedingt durch den täglichen Umgang, den Geld- und Geschäftsverkehr und das gute Einvernehmen) und da die Sizilier selbst ihre Verhältnisse so geordnet haben, daß es für sie vorteilhaft ist, wenn Frieden herrscht, sie die Herrschaft des römischen Volkes aber so sehr schätzen, daß sie diese keineswegs geschwächt oder geändert wissen wollen, und da gegen die schon erwähnten Gefahren eines Sklavenkrieges durch die Verordnungen der Prätoren und die strenge Zucht der Eigentümer Vorsorge getroffen ist, gibt es keine innere Gefahr, die aus der Provinz selbst entstehen könnte.

(9) Wie ist es also? Weiß man von keinen Sklavenunruhen in Sizilien, von keinen Verschwörungen zu berichten, solange Verres Prätor war? In der Tat nichts, was dem Senat und dem römischen Volk zu Ohren gekommen wäre, nichts, was Verres amtlich nach Rom berichtet hätte; und doch vermute ich, daß sich die Sklaven an einigen Orten in Sizilien zu rühren begannen. Das schließe ich nicht so sehr aus Tatsachen, als aus den Handlungen und Verordnungen des Verres. Und bemerkt nun, wie wenig feindselig ich gegen ihn vorgehen will: ich selbst will das, was er sich wünscht, was ihr bisher sicherlich nicht gehört habt, erwähnen und vorbringen.

(10) In Triocalino, quem locum fugitivi iam ante tenuerunt, Leonidae cuiusdam Siculi familia in suspicionem est vocata coniurationis. Res delata ad istum. Statim, ut par fuit, iussu eius homines qui fuerant nominati comprehensi sunt adductiquę Lilybaeum; domino denuntiatum est, causa dicta, damnati. 5 Quid deinde? quid censetis? furtum fortasse aut praedam exspectatis aliquam. Nolite usque quaque idem quaerere. In metu belli furandi locus qui potest esse? etiam si qua fuit in hac re occasio praetermissa est. Tum potuit a Leonida nummorum aliquid auferre, cum denuntiavit ut adesset; fuit nundinatio aliqua, et isti non nova, ne causam dicerent; etiam alter locus, ut absolverentur: damnatis quidem servis quae praedandi potest esse ratio? produci ad supplicium necesse est. Testes enim sunt qui in consilio fuerunt, testes publicae tabulae, testis splendidissima civitas Lilybitana, testis honestissimus maximusque conventus civium Romanorum: fieri nihil potest, producendi sunt. Itaque producuntur et ad palum alligantur. (11) Etiam nunc mihi exspectare videmini, iudices, quid deinde factum sit, quod iste nihil umquam fecit sine aliquo quaestu atque praeda. Quid in eius modi re fieri potuit? Quod commodum est, exspectate facinus quam vultis improbum; vincam tamen exspectationem omnium. Homines sceleris coniurationisque damnati, ad supplicium traditi, ad palum alligati, repente multis milibus hominum inspectantibus soluti sunt et Triocalino illi domino redditi.

(10). Im Gebiet von Triokala, in einer Gegend, die schon früher einmal entlaufene Sklaven in ihrer Gewalt hatten,[11] kam das Gesinde eines Siziliers namens Leonidas in den Verdacht einer Verschwörung. Das hinterbrachte man dem Verres. Sogleich wurden, wie es sich gehörte, auf seinen Befehl die Leute, die man ihm genannt hatte, verhaftet und nach Lilybaeum gebracht. Auch der Eigentümer wurde aufgefordert zu erscheinen; der Fall wurde untersucht; die Sklaven wurden verurteilt. 5 Was dann? Was meint ihr? Vielleicht erwartet ihr irgendeinen Diebstahl oder Raub? Rechnet nicht überall mit demselben. Bei der Furcht vor einem Krieg – wie kann es da einen Anlaß zum Diebstahl geben? Und selbst wenn es trotz dieser Lage eine Gelegenheit gab, so ließ man sie eben aus. Nur zu der Zeit hätte Verres dem Leonidas etwas Geld abnehmen können, als er ihn aufforderte zu erscheinen; er hätte mit sich darüber handeln lassen können (und das war für ihn nichts Neues), daß man die Untersuchung nicht durchführte; auch gab es noch die andere Möglichkeit, die Verhafteten freizusprechen. Freilich wenn die Sklaven erst verurteilt sind, welchen Weg, Beute zu machen, kann es da noch geben? Man muß sie zur Hinrichtung führen. Denn Zeugen sind ja die Mitglieder des Richterrates, Zeugen die amtlichen Protokolle, Zeuge ist die hochangesehene Gemeinde Lilybaeum, Zeuge der geachtete und große Verband der römischen Bürger;[12] da läßt sich nichts machen, man muß sie zum Richtplatz führen. So werden sie denn hingeführt und an den Pfahl gebunden. (11) Auch jetzt noch scheint ihr mir gespannt zu sein, ihr Richter, was weiterhin geschehen ist, weil Verres niemals etwas ohne Gewinn und Beute getan hat. Doch was konnte in einem solchen Fall noch geschehen? Erwartet, was euch beliebt, eine Tat so schamlos, wie ihr nur wollt: ich werde trotzdem aller Erwartung übertreffen. Die Männer, die wegen ihrer verbrecherischen Verschwörung verurteilt, der die Hinrichtung überstellt, die schon an den Pfahl gebunden waren, wurden plötzlich vor den Augen vieler tausender Menschen losgemacht und dem Eigentümer, dem Mann aus Triokala, zurückgegeben.

Quid hoc loco potes dicere, homo amentissime, nisi id quod ego non quaero, quod denique in re tam nefaria, tametsi dubitari non potest, tamen ne si dubitetur quidem quaeri oporteat, quid aut quantum aut quo modo acceperis? Remitto tibi hoc totum atque ista te cura libero; neque enim metuo ne hoc cuiquam persuadeatur, ut, ad quod facinus nemo praeter te ulla pecunia adduci potuerit, id tu gratis suscipere conatus sis. Verum de ista furandi praedandique ratione nihil dico, de hac imperatoria iam tua laude disputo. **6** (12) Quid ais, bone custos defensorque provinciae? Tu quos servos arma capere et bellum facere in Sicilia voluisse cognoras et de consili sententia iudicaras, hos ad supplicium iam more maiorum traditos ex media morte eripere ac liberare ausus es, ut, quam damnatis crucem servis fixeras, hanc indemnatis videlicet civibus Romanis reservares? Perditae civitates desperatis iam omnibus rebus hos solent exitus exitialis habere, ut damnati in integrum restituantur, vincti solvantur, exsules reducantur, res iudicatae rescindantur. Quae cum accidunt, nemo est quin intellegat ruere illam rem publicam; haec ubi eveniant, nemo est qui ullam spem salutis reliquam esse arbitretur. (13) Atque haec sicubi *facta sunt*, ita facta sunt ut homines populares aut nobiles supplicio aut exsilio levarentur, at non ab iis ipsis qui iudicassent, at non statim, at non eorum facinorum damnati quae ad vitam et ad fortunas omnium pertinerent. Hoc vero novum et eius modi est ut magis propter reum quam propter rem ipsam credibile

Was kannst du jetzt sagen, du wahnsinniger Mensch, es sei denn das, wonach ich nicht frage, wonach man bei einem so ruchlosen Vorgang auch dann gar nicht fragen müßte, wenn, obwohl es keine Zweifel geben kann, Zweifel entstünden: was oder wieviel du erhalten oder auf welche Weise du es empfangen hast? Ich erlasse dir dies alles und befreie dich von dieser Sorge; ich fürchte nämlich nicht, daß sich jemand einreden läßt, du habest dich dazu bereit gefunden, unentgeltlich eine Tat auf dich zu nehmen, zu der sich niemand außer dir durch noch so viel Geld hätte verleiten lassen. Doch über diese Art zu stehlen und zu rauben sage ich nichts; ich spreche jetzt über deinen Feldherrnruhm. 6 (12) Was sagst du nun, du trefflicher Beschützer und Verteidiger der Provinz? Du hattest doch erfahren, daß Sklaven zu den Waffen greifen und einen Krieg in Sizilien beginnen wollten, und du hattest sie gemäß der Empfehlung deiner Berater verurteilt: diese Sklaven, die schon nach der Sitte der Vorfahren zur Hinrichtung überstellt waren,[13] hast du dem Rachen des Todes zu entreißen und zu befreien gewagt? Offenbar deshalb, um das Kreuz, das du für verurteilte Sklaven aufgerichtet hattest, für nichtverurteilte römische Bürger aufzusparen?[14] Zerrüttete Staaten pflegen, wenn schon die gesamte Lage hoffnungslos geworden ist, solche unheilvollen, zum Untergang führenden Wege zu beschreiten, daß man Verurteilte wieder in ihre Rechte einsetzt, Gefangene freiläßt, Verbannte zurückruft, gerichtliche Entscheidungen aufhebt. Sobald dies geschieht, ist sich jeder bewußt, daß der betreffende Staat zugrunde geht; sobald es dazu kommt, ist jeder überzeugt, daß es keine Hoffnung auf Rettung mehr gibt. (13) Doch wenn solches irgendwo geschehen ist, dann ist es so geschehen, daß beim Volk beliebte und angesehene Männer von der Todesstrafe oder der Verbannung befreit wurden – aber nicht gerade von denen, die das Urteil gefällt hatten, aber nicht sofort, aber nicht Leute, die wegen Verbrechen verurteilt waren, die sich gegen das Leben und das Vermögen aller richteten. Doch das ist beispiellos und derartig, daß es mehr wegen der Person des Angeklagten als wegen der Sache

videatur, ut homines servos, ut ipse qui iudicarat, ut statim e medio supplicio dimiserit, ut eius facinoris damnatos servos quod ad omnium liberorum caput et sanguinem pertineret. (14) O praeclarum imperatorem nec iam cum M'. Aquilio, fortissimo viro, sed vero cum Paulis, Scipionibus, Mariis conferendum! tantumne vidisse in metu periculoque provinciae! Cum servitiorum animos in Sicilia suspensos propter bellum Italiae fugitivorum videret, ne quis se commovere auderet, quantum terroris iniecit! Comprendi iussit; quis non pertimescat? causam dicere dominos; quid servo tam formidolosum? FECISSE VIDERI pronuntiat; exortam videtur flammam paucorum dolore ac morte restinxisse. Quid deinde sequitur? Verbera atque ignes et illa extrema ad supplicium damnatorum, metum ceterorum, cruciatus et crux. Hisce omnibus suppliciis sunt liberati. Quis dubitet quin servorum animos summa formidine oppresserit, cum viderent ea facilitate praetorem ut ab eo servorum sceleris coniurationisque damnatorum vita vel ipso carnifice internuntio redimeretur?

7 (15) Quid? hoc in Apolloniensi Aristodamo, quid? in Leonte Imacharensi non idem fecisti? Quid? iste motus servitiorum bellique subita suspicio utrum tibi tandem diligentiam custodiendae provinciae an novam rationem improbissimi quaestus attulit? Halicyensis Eumenidae, nobilis hominis et honesti, magnae pecuniae vilicus cum impulsu tuo insimulatus esset, HS $\overline{\text{LX}}$ a domino accepisti, quod nuper ipse iuratus docuit quem ad modum gestum esset. Ab equite

selbst glaubhaft erscheint: Verres hat Sklaven, er hat sie als Richter, der selbst das Urteil gefällt hatte, er hat sie auf der Stelle mitten von der Richtstätte weg freigelassen, und zwar Sklaven, die wegen eines Verbrechens verurteilt waren, das sich gegen Leib und Leben aller Freien richtete. (14) Was für ein glänzender Feldherr, den man schon nicht mehr mit dem tapferen M'. Aquilius, sondern sogar mit Männern wie Paullus[15], Scipio und Marius vergleichen muß! Einen so scharfen Blick hat er in der bedrohlichen, gefährlichen Lage der Provinz gezeigt! Als er sah, daß die Sklaven in Sizilien wegen des italischen Sklavenkrieges unruhig waren, welchen Schrecken jagte er ihnen ein, damit niemand sich zu rühren wagte? Er befahl, sie zu verhaften; wer sollte da nicht in Furcht geraten? Er lud die Eigentümer vor; was ist furchterregender für einen Sklaven? Er verkündet, ihre Schuld sei erwiesen; er scheint die aufwallende Flamme durch die Qual und den Tod weniger gelöscht zu haben. Was folgt darauf? Peitschenhiebe und glühende Eisen und das Ende, zur Bestrafung der Verurteilten, zur Einschüchterung der übrigen: der qualvolle Marterpfahl? Von all diesen Foltern wurden die Leute befreit. Wer kann da noch zweifeln, daß er die Sklaven in größter Furcht niedergehalten hat, als sie den Prätor von solcher Nachgiebigkeit sahen, daß man ihm das Leben von Sklaven, die wegen einer verbrecherischen Verschwörung verurteilt waren, selbst durch die Vermittlung des Henkers noch abkaufen konnte?

7 (15) Wie? Hast du nicht auch so im Falle des Aristodamos aus Apollonia, nicht ebenso bei Leon aus Imachara gehandelt?[16] Wie? Die Unruhe unter den Sklaven und die plötzliche Erwartung eines Krieges: hat sie dich denn zur sorgfältigen Wahrnehmung der Bewachung der Provinz oder zu einem neuen Weg schamloser Bereicherung geführt? Ein für viel Geld erworbener Gutsverwalter des vornehmen und angesehenen Eumenidas aus Halikyai[17] war auf deine Veranlassung angeklagt worden; du aber erhieltst 60 000 Sesterzen vom Eigentümer,[18] wie er neulich selbst unter Eid mit Angabe aller Einzelheiten dargetan hat. Dem römischen Rit-

Romano C. Matrinio absente, cum is esset Romae, quod eius
vilicos pastoresque tibi in suspicionem venisse dixeras,
HS $\overline{DC}$ abstulisti. Dixit hoc L. Flavius, qui tibi eam pecuniam
numeravit, procurator C. Matrini, dixit ipse Matrinius, dicit
vir clarissimus, Cn. Lentulus censor, qui Matrini honoris
causa recenti negotio ad te litteras misit mittendasque curavit.

(16) Quid? de Apollonio, Diocli filio, Panhormitano, cui
Gemino cognomen est, praeteriri potest? Ecquid hoc tota
Sicilia clarius, ecquid indignius, ecquid manifestius proferri
potest? Quem, ut Panhormum venit, ad se vocari et de tribunali citari iussit concursu magno frequentiaque conventus.
Homines statim loqui: 'Mirabar quod Apollonius, homo
pecuniosus, tam diu ab isto maneret integer; excogitavit nescio quid, attulit; profecto homo dives repente a Verre non
sine causa citatur.' Exspectatio summa omnium quidnam
id esset, cum exanimatus subito ipse accurrit cum adule-
scente filio; nam pater grandis natu iam diu lecto tenebatur.
(17) Nominat iste servum, quem magistrum pecoris esse
diceret; eum dicit coniurasse et familias concitasse, – is
omnino servus in familia non erat, – eum statim exhiberi
iubet. Apollonius adfirmare se omnino nomine illo servum
habere neminem: iste hominem abripi a tribunali et in carcerem conici iubet. Clamare ille, cum raperetur, nihil se miserum fecisse, nihil commisisse, pecuniam sibi esse in nomini-
bus, numeratam in praesentia non habere. Haec cum maxime
summa hominum frequentia testificaretur, ut quivis intellegere posset eum, quod pecuniam non dedisset, idcirco illa

ter C. Matrinius nahmst du in seiner Abwesenheit, während er in Rom war, 600 000 Sesterzen ab; du hattest nämlich behauptet, seine Gutsverwalter und Hirten seien bei dir in Verdacht geraten. Das hat L. Flavius, der Geschäftsführer des C. Matrinius, der dir das Geld auszahlte, das hat Matrinius selbst ausgesagt; das sagt der erlauchte Zensor Cn. Lentulus[19], der dem Matrinius zuliebe gleich nach dem Vorfall Briefe an dich schickte und schicken ließ.

(16) Wie? Was nun den Fall des Apollonios aus Panormos, des Sohnes des Diokles, der den Beinamen Geminus hat, betrifft: läßt sich der übergehen? Läßt sich etwas vorbringen, was in ganz Sizilien bekannter, was empörender, was handgreiflicher wäre? Den ließ Verres, als er nach Panormos kam, zu sich rufen und vom Richterstuhl aus in Gegenwart einer großen und zahlreichen Menschenmenge aus dem Bezirk vorladen. Die Leute sagten sofort: »Ich wunderte mich schon, daß Apollonios, ein so wohlhabender Mann, so lange von Verres unbehelligt blieb; jetzt hat er sich etwas ausgedacht und in Gang gebracht; gewiß wird der reiche Mann nicht ohne Grund so plötzlich von Verres vorgeladen.« Alle sind sehr gespannt, was denn da im Gange sei, als Apollonios plötzlich außer Atem in Begleitung seines jungen Sohnes herbeigelaufen kommt; denn der bejahrte Vater war schon lange an das Bett gefesselt. (17) Verres nennt einen Sklaven, der, wie er behauptete, Oberhirte war; der, erklärt er, habe eine Verschwörung angezettelt und das Gesinde aufgewiegelt. Ein solcher Sklave befand sich überhaupt nicht unter dem Gesinde. Verres befiehlt, ihn auf der Stelle herbeizuschaffen. Apollonios beteuert, er habe gar keinen Sklaven dieses Namens. Da befiehlt er, den Mann von der Gerichtsstätte wegzuschleppen und ins Gefängnis zu werfen. Der schrie, als man ihn packte, er sei ein Unglücksmensch: er habe nichts getan, sich nichts zuschulden kommen lassen, sein Geld sei angelegt, er habe im Augenblick kein bares. Genau in dem Augenblick, als er dies vor einer sehr großen Menschenmenge beteuerte, so daß jeder erkennen konnte, man tue ihm deshalb ein so bitteres Unrecht an, weil er kein Geld

tam acerba iniuria adfici – cum maxime, ut dico, hoc de pecunia clamaret, in vincla coniectus est.

8 (18) Videte constantiam praetoris, et eius praetoris qui in his rebus non ita defendatur ut mediocris praetor, sed ita laudetur ut optimus imperator. Cum servorum bellum metueretur, quo supplicio dominos indemnatos adficiebat, hoc servos damnatos liberabat. Apollonium, hominem locupletissimum, qui, si fugitivi bellum in Sicilia facerent, amplissimas fortunas amitteret, belli fugitivorum nomine indicta causa in vincla coniecit; servos, quos ipse de consili sententia belli faciendi causa consensisse iudicavit, eos sine consili sententia sua sponte omni supplicio liberavit. (19) Quid? si aliquid ab Apollonio commissum est quam ob rem in eum iure animadverteretur, tamenne hanc rem sic agemus ut crimini aut invidiae reo putemus esse oportere si quo de homine severius iudicaverit? Non agam tam acerbe, non utar ista accusatoria consuetudine, si quid est factum clementer, ut dissolute factum criminer, si quid vindicatum est severe, ut ex eo crudelitatis invidiam colligam. Non agam ista ratione; tua sequar iudicia, tuam defendam auctoritatem, quoad tu voles; simul ac tute coeperis tua iudicia rescindere, mihi suscensere desinito; meo iure enim contendam eum qui suo iudicio damnatus sit iuratorum iudicum sententiis damnari oportere. (20) Non defendam Apolloni causam, amici atque hospitis mei, ne tuum iudicium videar rescindere; nihil de hominis fru-

gegeben hatte – genau in dem Augenblick, als er, wie gesagt, laut vom Geld sprach, warf man ihn ins Gefängnis.

8 (18) Seht das folgerichtige Verhalten des Prätors, eines Prätors, den man bei diesen Verhältnissen nicht wie einen mittelmäßigen Prätor verteidigt, sondern wie einen ausgezeichneten Feldherrn lobt. Als man einen Sklavenkrieg fürchtete, befreite er verurteilte Sklaven von eben der Strafe, die er über nichtverurteilte Herren verhängte; den Apollonios, einen sehr reichen Mann, der, wenn die Sklaven in Sizilien einen Krieg anzettelten, sehr große Vermögenswerte verlieren würde, warf er unter dem Vorwand eines Sklavenkrieges ohne gerichtliche Untersuchung ins Gefängnis; die Sklaven, die er selbst gemäß der Empfehlung seiner Berater für schuldig erklärt hatte, sich in der Absicht, einen Krieg zu beginnen, verschworen zu haben, die befreite er ohne Empfehlung seiner Berater von sich aus von jeder Strafe. (19) Wie? Angenommen, Apollonios ließ sich etwas zuschulden kommen, weshalb man mit Recht strafend gegen ihn vorging: sollen wir trotzdem diesen Fall so behandeln, daß wir glauben, dem Angeklagten[20] dies zum Vorwurf machen oder Haß gegen ihn erregen zu müssen, wenn er über einen Menschen ein zu strenges Urteil gefällt hat? Ich will nicht so scharf vorgehen, nicht der bekannten Gepflogenheit des Anklägers Folge leisten, daß ich den Vorwurf der Laschheit erhebe, wenn ein mildes Urteil gefällt, daß ich wegen Grausamkeit Haßgefühle zu erregen suche, wenn etwas zu streng geahndet wurde. So will ich nicht vorgehen; deinem Urteil werde ich mich anschließen und deine Entscheidung verteidigen, solange du willst. Aber sobald du selbst anfängst, deine Urteile aufzuheben, darfst du mir nicht weiter böse sein. Denn dann kann ich mit vollem Recht behaupten, daß der, der sich durch sein eigenes Urteil schuldig gesprochen hat, auch durch den Spruch der vereidigten Richter schuldig gesprochen werden muß. (20) Ich will hier nicht die Sache des Apollonios, meines Freundes und Gastgebers, vertreten, um nicht den Anschein zu erwecken, als wolle ich dein Urteil ungültig machen; nichts will ich über die einfache Lebens-

galitate, virtute, diligentia dicam; praetermittam illud etiam de quo ante dixi, fortunas eius ita constitutas fuisse familia, pecore, villis, pecuniis creditis ut nemini minus expediret ullum in Sicilia tumultum aut bellum commoveri; non dicam ne illud quidem, si maxime in culpa fuerit Apollonius, tamen in hominem honestissimae civitatis honestissimum tam graviter animadverti causa indicta non oportuisse. (21) Nullam in te invidiam ne ex illis quidem rebus concitabo, cum esset talis vir in carcere, in tenebris, in squalore, in sordibus, tyrannicis interdictis tuis patri exacta aetate et adulescenti filio adeundi ad illum miserum potestatem numquam esse factam. Etiam illud praeteribo, quotienscumque Panhormum veneris illo anno et sex mensibus – nam tam diu fuit Apollonius in carcere – totiens te senatum Panhormitanum adisse supplicem, cum magistratibus sacerdotibusque publicis, orantem atque obsecrantem ut aliquando ille miser atque innocens calamitate illa liberaretur. Relinquo haec omnia; quae si velim persequi, facile ostendam tua crudelitate in alios omnis tibi aditus misericordiae iudicum iam pridem esse praeclusos. 9 (22) Omnia tibi ista concedam et remittam; provideo enim quid sit defensurus Hortensius; fatebitur apud istum neque senectutem patris neque adulescentiam fili neque lacrimas utriusque plus valuisse quam utilitatem salutemque provinciae; dicet rem publicam administrari sine metu ac severitate non posse; quaeret quam ob rem fasces praetoribus praeferantur, cur secures datae, cur carcer aedificatus, cur tot supplicia sint in improbos more maiorum constituta. Quae cum omnia graviter severeque dixerit, quaeram cur hunc eundem Apollonium Verres idem repente nulla re nova

weise dieses Mannes, über seine Tüchtigkeit und Gewissenhaftigkeit sagen; ich will auch das beiseite lassen, worüber ich eben gesprochen habe: sein Vermögen sei in Sklaven, Vieh, Landgütern und Darlehen angelegt gewesen, so daß es für niemanden weniger vorteilhaft war, wenn in Sizilien irgendein Aufruhr oder Krieg entfacht werde; auch davon will ich nicht sprechen, daß man, wenn Apollonios auch noch so schuldig gewesen wäre, doch nicht so streng und ohne Verhör gegen einen so angesehenen Mann einer so angesehenen Gemeinde hätte vorgehen dürfen. (21) Nicht einmal damit will ich Haßgefühle gegen dich erregen, daß deine tyrannischen Verbote, während ein solcher Mann sich im Kerker, im Dunkeln, im Schmutz, im Elend befand, es dem hochbetagten Vater und dem jungen Sohn niemals erlaubt haben, den Unglücklichen zu besuchen. Auch das will ich übergehen, daß der Gemeinderat von Panormos, sooft du in jenen anderthalb Jahren nach Panormos kamst (denn so lange war Apollonios im Kerker), zusammen mit den Beamten und den Gemeindepriestern sich flehentlich an dich wandte, dich bat und beschwor, den unglücklichen und unschuldigen Mann endlich aus seinem elenden Zustand zu befreien. Ich lasse dies alles beiseite; wenn ich dem nachgehen wollte, könnte ich leicht aufzeigen, daß du dir durch deine Grausamkeit gegen andere schon längst jeden Zugang zum Mitleid deiner Richter abgeschnitten hast. 9 (22) All das will ich dir schenken und erlassen. Ich sehe nämlich voraus, was Hortensius dagegen vorbringen wird. Er wird betonen, daß bei Verres weder das hohe Alter des Vaters noch die Jugend des Sohnes, noch die Tränen beider mehr Gewicht gehabt hätten als der Nutzen und die Wohlfahrt der Provinz; er wird sagen, daß man ohne Druck und Strenge einen Staat nicht verwalten könne; er wird fragen, weshalb man den Prätoren die Rutenbündel voraustrage, warum Beile beigegeben,[21] warum das Gefängnis erbaut, warum nach dem Brauch der Vorfahren so viele Strafen gegen Bösewichter festgesetzt seien. Doch wenn er dies alles nachdrücklich und ernst gesagt hat, dann werde ich fragen, warum derselbe Verres denselben Apollonios

adlata, nulla defensione, sine causa de carcere emitti iusserit; tantumque in hoc crimine suspicionis esse adfirmabo ut iam ipsis iudicibus sine mea argumentatione coniecturam facere permittam quod hoc genus praedandi, quam improbum, quam indignum, quamque ad magnitudinem quaestus immensum infinitumque esse videatur. (23) Nam quae iste in Apollonio fecit, ea primum breviter cognoscite quot et quanta sint, deinde haec expendite atque aestimate pecunia: reperietis idcirco haec in uno homine pecunioso tot constituta ut ceteris formidines similium incommodorum atque exempla periculorum proponeret. Primum insimulatio est repentina capitalis atque invidiosi criminis, – statuite quanti hoc putetis et quam multos redemisse; deinde crimen sine accusatore, sententia sine consilio, damnatio sine defensione, – aestimate harum omnium rerum pretia et cogitate in his iniquitatibus unum haesisse Apollonium, ceteros profecto multos ex his incommodis pecunia se liberasse; postremo tenebrae, vincla, carcer, inclusum supplicium atque a conspectu parentium ac liberum, denique a libero spiritu atque a communi luce seclusum, – haec vero, quae vel vita redimi recte possunt, aestimare pecunia non queo. (24) Haec omnia sero redemit Apollonius iam maerore ac miseriis perditus, sed tamen ceteros docuit ante istius avaritiae scelerique occurrere; nisi vero existimatis hominem pecuniosissimum sine causa quaestus electum ad tam incredibile crimen aut

plötzlich, ohne daß ein neuer Umstand beigebracht worden wäre, ohne Verteidigung, ohne Grund aus dem Kerker zu entlassen befohlen hat, und ich werde erklären, in diesem Vorwurf sei ein so starker Verdacht enthalten, daß ich es nunmehr ohne eine Beweisführung meinerseits den Richtern selbst überlassen darf, ihre Schlüsse zu ziehen – was wohl dies für eine Art von Räuberei, wie schamlos, wie empörend, und, was die Größe des Gewinnes angehe, wie unermeßlich und grenzenlos sie sei. (23) Denn was er dem Apollonios angetan hat, das müßt ihr euch zuerst in seinem Umfang und in seiner Schwere kurz anhören; dann mögt ihr es nach seinem Geldwert abwägen und abschätzen. Ihr werdet herausfinden, daß er nur deshalb gegen diesen einen wohlhabenden Mann so viele Maßnahmen ergriffen hat, um den übrigen das Schreckbild ähnlicher Leiden und ein Beispiel der ihnen drohenden Gefahren vor Augen zu führen. Da ist zuerst der plötzliche Vorwurf eines todeswürdigen und widerwärtigen Verbrechens: entscheidet, für wieviel Geld man sich wohl hiervon freigekauft haben mag und wie viele es taten. Dann die Beschuldigung ohne Ankläger, der Spruch ohne Richterrat, die Verurteilung ohne Verteidigung: veranschlagt die Geldbeträge für dies alles und bedenkt, daß allein Apollonios im Netz dieser Rechtsverletzungen hängengeblieben ist, während sich viele andere sicherlich von diesen Widrigkeiten für Geld freigekauft haben. Schließlich das Dunkel, die Fesseln, der Kerker, die Strafe, eingeschlossen und von dem Anblick der Eltern und Kinder, ja von der freien Luft und dem gemeinsamen Licht abgeschlossen zu sein; diese Dinge, von denen man sich wohl gut mit dem Leben freikaufen könnte, vermag ich gar nicht nach ihrem Geldwert abzuschätzen. (24) Von alledem hat sich Apollonios zu spät losgekauft, als er schon durch Kummer und Elend zugrunde gerichtet war; doch erteilte er den übrigen die Lehre, von vornherein der verbrecherischen Habgier des Verres zuvorzukommen. Es müßte denn sein, ihr glaubt wirklich, daß der steinreiche Mann ohne gewinnsüchtige Absicht zu einer so unglaublichen Anschuldigung ausgewählt oder ohne die-

sine eadem causa repente e carcere emissum, aut hoc praedandi genus ab isto in illo uno adhibitum ac temptatum, et
non per illum omnibus pecuniosis Siculis metum propositum et iniectum.

10 (25) Cupio mihi ab illo, iudices, subici, quoniam de militari eius gloria dico, si quid forte praetereo. Nam mihi videor
iam de omnibus rebus eius gestis dixisse, quae quidem ad
belli fugitivorum suspicionem pertinerent; certe nihil sciens
praetermisi. Habetis hominis consilia, diligentiam, vigilan-
tiam, custodiam defensionemque provinciae. Summa illuc
pertinet, ut sciatis, quoniam plura genera sunt imperatorum,
ex quo genere iste sit, ne qui diutius in tanta penuria virorum
fortium talem imperatorem ignorare possit. Non ad Q.
Maximi sapientiam neque ad illius superioris Africani in re
gerunda celeritatem, neque ad huius qui postea fuit singulare
consilium, neque ad Pauli rationem ac disciplinam, neque ad
C. Mari vim atque virtutem; sed aliud genus imperatoris sane
diligenter retinendum et conservandum, quaeso, cognoscite.

(26) Itinerum primum laborem, qui vel maximus est in re
militari, iudices, et in Sicilia maxime necessarius, accipite
quam facilem sibi iste et iucundum ratione consilioque red-
diderit. Primum temporibus hibernis ad magnitudinem fri-
gorum et tempestatum vim ac fluminum praeclarum hoc sibi
remedium compararat. Urbem Syracusas elegerat, cuius hic
situs atque haec natura esse loci caelique dicitur ut nullus
umquam dies tam magna ac turbulenta tempestate fuerit
quin aliquo tempore eius diei solem homines viderint. Hic
ita vivebat iste bonus imperator hibernis mensibus ut eum

selbe Absicht plötzlich aus dem Gefängnis entlassen oder daß diese Art des Beutemachens von Verres nur bei diesem einen Mann angewendet und versucht und durch ihn nicht allen reichen Siziliern ein Schreckbild vor Augen gestellt und eingeflößt worden sei.

10 (25) Da ich über den Kriegsruhm des Verres spreche, wünsche ich, ihr Richter, daß Antonius meinem Gedächtnis aufhilft, wenn ich vielleicht etwas übergehe. Denn ich glaube, bereits von allen seinen Taten gesprochen zu haben, soweit sie sich auf die vermuteten Anzeichen eines Sklavenkrieges beziehen; jedenfalls habe ich wissentlich nichts ausgelassen. Ihr kennt nun die Maßnahmen des Mannes, seine Sorgfalt und Wachsamkeit, seine Sicherung und Verteidigung der Provinz. In der Hauptsache läuft es auf folgendes hinaus: da es mehrere Arten von Feldherren gibt, müßt ihr wissen, zu welcher Art Verres gehört, damit niemand bei dem großen Mangel an tüchtigen Männern länger einen solchen Feldherrn verkennen kann. Es geht nicht um einen Vergleich mit der Klugheit des Q. Maximus[22] noch mit des älteren Scipio Schnelligkeit bei der Ausführung eines Unternehmens, noch mit der einzigartigen Entschlußkraft des jüngeren, noch mit der Umsicht und der Manneszucht des Paullus, noch mit der Tatkraft und Tapferkeit des C. Marius; nehmt vielmehr bitte zur Kenntnis, daß es eine andere Art von Feldherrn ganz sorgfältig zu erhalten und zu bewahren gilt.

(26) Erstens die Mühe der Reisen, die wohl die größte im Kriegsdienst ist, ihr Richter, und in Sizilien besonders notwendig; vernehmt, wie leicht und angenehm sich Verres diese durch sein wohlüberlegtes Verhalten gemacht hat. Erstens hatte er sich in der Winterzeit gegen die große Kälte und die Gewalt der Stürme und Flüsse folgendes treffliche Mittel verschafft. Er hatte sich die Stadt Syrakus ausgesucht, deren Lage und örtliche und klimatische Beschaffenheit so sind, wie man sagt, daß es dort noch niemals einen Tag mit einem so langen und stürmischen Unwetter gegeben hat, daß die Leute nicht zu irgendeiner Stunde des Tages die Sonne gesehen hätten. Hier lebte unser vortrefflicher Feldherr während

non facile non modo extra tectum, sed ne extra lectum quidem quisquam viderit; ita diei brevitas conviviis, noctis longitudo stupris et flagitiis continebatur.

(27) Cum autem ver esse coeperat – cuius initium iste non a Favonio neque ab aliquo astro notabat, sed cum rosam viderat tum incipere ver arbitrabatur – dabat se labori atque itineribus; in quibus eo usque se praebebat patientem atque impigrum ut eum nemo umquam in equo sedentem viderit. 11 Nam, ut mos fuit Bithyniae regibus, lectica octaphoro ferebatur, in qua pulvinus erat perlucidus Melitensis rosa fartus; ipse autem coronam habebat unam in capite, alteram in collo, reticulumque ad naris sibi admovebat tenuissimo lino, minutis maculis, plenum rosae. Sic confecto itinere cum ad aliquod oppidum venerat, eadem lectica usque in cubiculum deferebatur. Eo veniebant Siculorum magistratus, veniebant equites Romani, id quod ex multis iuratis audistis; controversiae secreto deferebantur, paulo post palam decreta auferebantur. Deinde ubi paulisper in cubiculo pretio non aequitate iura discripserat, Veneri iam et Libero reliquum tempus deberi arbitrabatur. (28) Quo loco non mihi praetermittenda videtur praeclari imperatoris egregia ac singularis diligentia. Nam scitote oppidum esse in Sicilia nullum ex iis oppidis in quibus consistere praetores et conventum agere soleant, quo in oppido non isti ex aliqua familia non ignobili delecta ad libidinem mulier esset. Itaque non nullae ex eo numero in convivium adhibebantur palam; si quae castiores

der Wintermonate so, daß man ihn nicht leicht außerhalb seines Hauses, ja nicht einmal außerhalb seines Bettes gesehen hat. So wurden die kurzen Tage mit Gelagen, die langen Nächte mit unzüchtigem und schändlichem Treiben verbracht.

(27) Wenn aber der Frühling begann (dessen Anfang bestimmte er nicht nach dem Favonius oder irgendeinem Stern; vielmehr glaubte er erst dann, wenn er eine Rose sah, der Frühling habe begonnen)[23], dann widmete er sich den Anstrengungen des Reisens. Hierbei zeigte er sich so ausdauernd und unermüdlich, daß niemand ihn je zu Pferde sitzen sah. 11 Denn er ließ sich, wie es Brauch bei den Königen von Bithynien war, in einer von acht Männern getragenen Sänfte vorwärtsbewegen, in der sich ein durchsichtiges melitisches Polster, das mit Rosenblättern ausgestopft war, befand.[24] Er selbst aber hatte einen Kranz auf dem Kopf, einen anderen um den Hals, und er hielt sich ein kleines Netz aus feinstem Leinen und mit kleinen Maschen, das mit Rosen gefüllt war, vor die Nase. Wenn er so nach Abschluß einer Reise in eine Stadt gekommen war, ließ er sich in derselben Sänfte in sein Schlafzimmer tragen. Dorthin kamen die sizilischen Beamten, kamen die römischen Ritter, was ihr vielen eidlichen Aussagen entnommen habt. Die Streitfälle wurden im geheimen vorgetragen, kurz darauf nahm man die Entscheidungen öffentlich mit sich. Wenn er so eine Zeitlang in seinem Schlafzimmer nach dem Geldangebot, nicht nach Recht und Billigkeit, seine Rechtsbescheide erteilt hatte, dann glaubte er, der Venus und dem Liber[25] die übrige Zeit schuldig zu sein. (28) An dieser Stelle darf ich, glaube ich, die hervorragende und einzigartige Gewissenhaftigkeit unseres trefflichen Feldherrn nicht übergehen. Denn ihr müßt wissen: unter den Städten Siziliens, in denen die Prätoren Quartier zu machen und Gerichtstag abzuhalten pflegen, gab es keine Stadt, in der er sich nicht eine Frau aus guter Familie für die Befriedigung seiner Lust auserkoren hätte. Und so wurden einige von diesen in aller Öffentlichkeit zum Gelage hinzugezogen; manche, die noch etwas mehr auf ihre Tugend ach-

erant, ad tempus veniebant, lucem conventumque vitabant. Erant autem convivia non illo silentio populi Romani praetorum atque imperatorum, neque eo pudore qui in magistratuum conviviis versari soleat, sed cum maximo clamore atque convicio; non numquam etiam res ad pugnam atque ad manus vocabatur. Iste enim praetor severus ac diligens, qui populi Romani legibus numquam paruisset, illis legibus quae in poculis ponebantur diligenter obtemperabat. Itaque erant exitus eius modi ut alius inter manus e convivio tamquam e proelio auferretur, alius tamquam occisus relinqueretur, plerique ut fusi sine mente ac sine ullo sensu iacerent, – ut quivis, cum aspexisset, non se praetoris convivium, sed Cannensem pugnam nequitiae videre arbitraretur.

12 (29) Cum vero aestas summa esse coeperat, quod tempus omnes Siciliae semper praetores in itineribus consumere consuerunt, propterea quod tum putant obeundam esse maxime provinciam, cum in areis frumenta sunt, quod et familiae congregantur et magnitudo serviti perspicitur et labor operis maxime offendit, frumenti copia commonet, tempus anni non impedit: tum, inquam, cum concursant ceteri praetores, iste novo quodam genere imperator pulcherrimo Syracusarum loco stativa sibi castra faciebat. (30) Nam in ipso aditu atque ore portus, ubi primum ex alto sinus ab litore ad urbem inflectitur, tabernacula carbaseis intenta velis conlocabat. Huc ex illa domo praetoria, quae regis Hieronis fuit, sic emigrabat ut eum per illos dies nemo extra illum locum videre posset. In eum autem ipsum locum aditus erat nemini, nisi qui aut socius aut minister libidinis esse posset. Huc omnes mulieres, quibuscum iste consuerat, conveniebant, quarum incredibile est quanta multitudo fuerit Syracusis; huc homines digni istius amicitia, digni vita illa

teten, kamen zu einer bestimmten Zeit und mieden das Licht und die Gesellschaft. Die Gelage aber vollzogen sich nicht in der Stille, wie es sich für die Prätoren und Feldherren des römischen Volkes gehört, und nicht mit dem Anstand, wie er bei den Gastmählern von Beamten zu herrschen pflegt, sondern unter lautem Geschrei und Gezänk; bisweilen kam es sogar zu Kampf und Handgreiflichkeiten. Denn unser strenger und gewissenhafter Prätor, der den Gesetzen des römischen Volkes niemals gehorchte, beachtete genau die Gesetze, die beim Trinkgelage aufgestellt wurden.[26] Und so endete es damit, daß man den einen vom Gelage wie aus einer Schlacht auf Händen davontrug, daß ein anderer wie tot zurückblieb, daß die meisten ohne Bewußtsein und ohne jedes Gefühl hingestreckt dalagen, so daß jeder, der das erblickte, nicht das Gastmahl eines Prätors, sondern eine Cannaeschlacht von Taugenichtsen zu sehen glaubte.

12 (29) Wenn aber erst der Hochsommer gekommen war, eine Zeit, die alle Statthalter Siziliens stets für Reisen zu verwenden pflegen, weil sie glauben, die Provinz besonders dann inspizieren zu müssen, wenn das Getreide auf den Tennen liegt: dann ist das Gesinde beieinander, und die Zahl der Sklaven läßt sich überschauen; die anstrengende Arbeit ist dann am meisten spürbar, die Fülle des Getreides fordert heraus, und die Jahreszeit ist nicht hinderlich[27] – dann, sage ich, wenn die übrigen Prätoren umherreisen, errichtete sich dieser Feldherr eines ganz neuen Stils an der schönsten Stelle von Syrakus ein Standlager. (30) Denn unmittelbar an der Einfahrt und Mündung des Hafens, wo vom Meeresufer her sich auf die Stadt zu eine Bucht zu krümmen beginnt, ließ er Zelte, die mit Leinensegeln überspannt waren, aufstellen. Dorthin zog er aus dem Palast der Statthalter, der einst dem König Hieron gehört hatte,[28] um; niemand konnte ihn in jenen Tagen an einer anderen Stelle sehen. Zu eben diesem Platz aber hatte niemand Zutritt, außer wer als Genosse oder Gehilfe seiner Wollust dienen konnte. Dort fanden sich alle Frauen ein, mit denen er Umgang hatte (von denen gab es in Syrakus eine unglaublich große Menge); dorthin kamen die

conviviisque veniebant. Inter eius modi viros et mulieres adulta aetate filius versabatur, ut eum, etiamsi natura a parentis similitudine abriperet, consuetudo tamen ac disciplina patris similem esse cogeret. (31) Huc Tertia illa perducta per dolum atque insidias ab Rhodio tibicine maximas in istius castris effecisse dicitur turbas, cum indigne pateretur uxor Cleomenis Syracusani, nobilis mulier, itemque uxor Aeschrionis, honesto loco nata, in conventum suum mimi Isidori filiam venisse. Iste autem Hannibal, qui in suis castris virtute putaret oportere non genere certari, sic hanc Tertiam dilexit ut eam secum ex provincia deportaret. 13 Ac per eos dies, cum iste cum pallio purpureo talarique tunica versaretur in conviviis muliebribus, non offendebantur homines neque moleste ferebant abesse a foro magistratum, non ius dici, non iudicia fieri; locum illum litoris percrepare totum mulierum vocibus cantuque symphoniae, in foro silentium esse summum causarum atque iuris, non ferebant homines moleste; non enim ius abesse videbatur a foro neque iudicia, sed vis et crudelitas et bonorum acerba et indigna direptio. (32) Hunc tu igitur imperatorem esse defendis, Hortensi? huius furta, rapinas, cupiditatem, crudelitatem, superbiam, scelus, audaciam rerum gestarum magnitudine atque imperatoriis laudibus tegere conaris? Hic scilicet est metuendum ne

Männer, die würdig waren seiner Freundschaft und würdig eines solchen Lebens und der Gelage. Unter den Männern und Frauen dieses Schlages bewegte sich auch der erwachsene Sohn; den trennte zwar die eigene Veranlagung von der Ähnlichkeit mit dem Vater, doch brachten ihn der dauernde Umgang und die Erziehung dahin, es dem Vater gleichzutun. (31) Dorthin wurde auch die Tertia gebracht, die man mit List und Tücke dem Rhodischen Flötenspieler entführt hatte;[29] sie soll eine gewaltige Unruhe in dem Lager des Verres hervorgerufen haben, da die Gattin des Syrakusaners Kleomenes, eine Frau von Adel, und ebenso die Gattin des Aischrion, die aus einem angesehenen Hause stammte, es übelnahmen, daß die Tochter des Schauspielers Isidoros in ihre Gesellschaft gekommen sei. Unser Hannibal aber, der glaubte, daß in seinem Lager die Leistung, nicht die Herkunft entscheidend sein müsse, liebte diese Tertia so sehr, daß er sie aus der Provinz nach Hause mitnahm. 13 Und während der Tage, da Verres in einem purpurnen Umhang und in einer bis auf die Knöchel hinabreichenden Tunika[30] seine Zeit mit Weibergelagen verbrachte, nahmen die Leute keinen Anstoß daran, noch waren sie darüber ungehalten, daß der oberste Beamte dem Markt fernblieb, daß nicht Recht gesprochen, nicht Gericht gehalten wurde; wenn die ganze Strandgegend von Frauenstimmen und vom Klang der Musik widerhallte, auf dem Marktplatz aber von Prozessen und Rechtsprechung nicht der geringste Laut zu hören war, so waren die Leute gar nicht böse darüber. Denn ganz offensichtlich fehlten auf dem Markt nicht das Recht und die richterlichen Entscheidungen, sondern die Gewalt und die Grausamkeit und der bittere und empörende Vermögensraub.

(32) Dieser Mensch sei ein Feldherr, behauptest du also als sein Verteidiger, Hortensius? Dieses Mannes Diebstähle und Räubereien, seine Gier, Grausamkeit, Anmaßung, Ruchlosigkeit und Frechheit suchst du durch die Größe seiner Taten und durch Lobeshymnen auf seine Leistungen als Feldherr zu verdecken? Da muß man freilich befürchten, daß du am Ende deiner Verteidigung das altbewährte und eindrucks-

ad exitum defensionis tuae vetus illa Antoniana dicendi ratio atque auctoritas proferatur, ne excitetur Verres, ne denudetur a pectore, ne cicatrices populus Romanus aspiciat, ex mulierum morsu vestigia libidinis atque nequitiae. (33) Di faciant ut rei militaris, ut belli mentionem facere audeas! Cognoscentur enim omnia istius aera illa vetera, ut non solum in imperio verum etiam in stipendiis qualis fuerit intellegatis. Renovabitur prima illa militia, cum iste e foro abduci, non, ut ipse praedicat, perduci solebat; aleatoris Placentini castra commemorabuntur, in quibus cum frequens fuisset tamen aere dirutus est; multa eius in stipendiis damna proferentur, quae ab isto aetatis fructu dissoluta et compensata sunt. (34) Iam vero, cum in eius modi patientia turpitudinis aliena non sua satietate obduruisset, qui vir fuerit, quot praesidia, quam munita pudoris et pudicitiae vi et audacia ceperit, quid me attinet dicere aut coniungere cum istius flagitio cuiusquam praeterea dedecus? Non faciam, iudices; omnia vetera praetermittam, duo sola recentia sine cuiusquam infamia ponam, ex quibus coniecturam facere de omnibus possitis, – unum illud, quod ita fuit inlustre notumque omnibus ut nemo tam rusticanus homo L. Lucullo [et] M. Cotta consulibus Romam ex ullo municipio vadimoni causa venerit, quin sciret iura omnia praetoris urbani nutu atque arbitrio Chelidonis meretriculae gubernari, alterum quod, cum paludatus exisset votaque pro imperio suo communique re publica

volle Verfahren der Beweisführung des Antonius wieder hervorholst,[31] daß Verres sich erheben, daß er seine Brust entblößen, daß das römische Volk seine Narben erblicken soll – die Spuren von den Bissen der Weiber, die Spuren seiner Wollust und Verdorbenheit. (33) Mögen die Götter gewähren, daß du die Soldatenzeit, daß du den Krieg zu erwähnen wagst! Dann wird man nämlich alle seine früheren Feldzüge kennenlernen, so daß ihr feststellen könnt, wie er nicht nur als Feldherr, sondern auch in seinen Dienstjahren als Soldat gewesen ist. Man wird die erste Zeit seines Militärdienstes auffrischen, als Verres gewaltsam vom Forum weggeführt, nicht, wie er sich selbst rühmt, verführt zu werden pflegte;[32] man wird das Lager des Glücksspielers aus Placentia[33] erwähnen, wo er zwar häufig war, wo man ihm aber trotzdem den Spielsold kürzte; man wird die vielen Verluste während seiner Dienstzeit vorbringen, die er jedoch durch die Erträge seiner Jugend tilgte und aufwog.[34] (34) Weiter nun: nachdem er im Ertragen von solcher Schändlichkeit durch fremde, nicht durch eigene Sättigung hart geworden war – was er dann für ein Mann gewesen ist, wie viele und wie stark befestigte Bollwerke des Schamgefühls und der Keuschheit er mit frecher Gewalt genommen hat, was soll mich dazu veranlassen, darüber zu sprechen oder mit seinen Schandtaten noch sonst jemandes unehrenhaftes Verhalten in Verbindung zu bringen? Das will ich nicht tun, ihr Richter; alles Frühere will ich beiseite lassen; nur zwei jüngere Ereignisse möchte ich anführen, ohne jemanden in einen schlechten Ruf zu bringen; daraus könnt ihr eure Schlüsse auf alles andere ziehen. Das eine war so berüchtigt und allgemein bekannt, daß kein noch so einfacher Bauer während des Konsulats des L. Lucullus und M. Cotta[35] aus irgendeiner Landstadt wegen eines gerichtlichen Termins nach Rom kam, der nicht gewußt hätte, daß alle Rechtsbescheide des Stadtprätors sich nach dem Wink und der Willkür der Dirne Chelidon richteten.[36] Und das andere: als er schon im Feldherrnmantel hinausgezogen war und die Gelübde für seine Amtsgewalt und für das allgemeine Wohl des Staates abgelegt hatte, da pflegte er

nuncupasset, noctu stupri causa lectica in urbem introferri solitus est ad mulierem nuptam uni, propositam omnibus, contra fas, contra auspicia, contra omnis divinas atque humanas religiones!

14 (35) O di immortales! quid interest inter mentes hominum et cogitationes! Ita mihi meam voluntatem spemque reliquae vitae vestra populique Romani existimatio comprobet, ut ego, quos adhuc mihi magistratus populus Romanus mandavit, sic eos accepi ut me omnium officiorum obstringi religione arbitrarer! Ita quaestor sum factus ut mihi illum honorem tum non solum datum, sed etiam creditum et commissum putarem; sic obtinui quaesturam in Sicilia provincia ut omnium oculos in me unum coniectos esse arbitrarer, ut me quaesturamque meam quasi in aliquo terrarum orbis theatro versari existimarem, ut semper omnia quae iucunda videntur esse, ea non modo his extraordinariis cupiditatibus, sed etiam ipsi naturae ac necessitati denegarem. (36) Nunc sum designatus aedilis; habeo rationem quid a populo Romano acceperim; mihi ludos sanctissimos maxima cum cura et caerimonia Cereri, Libero, Liberaeque faciundos, mihi Floram matrem populo plebique Romanae ludorum celebritate placandam, mihi ludos antiquissimos, qui primi Romani appellati sunt, cum dignitate maxima et religione Iovi, Iunoni, Minervaeque esse faciundos, mihi sacrarum aedium procurationem, mihi totam urbem tuendam esse commissam; ob earum rerum laborem et sollicitudinem fructus illos datos, antiquiorem in senatu sententiae dicendae locum, togam praetextam, sellam curulem, ius imaginis ad memoriam posteritatemque prodendae. (37) Ex his ego omnibus rebus, iudices, – ita mihi omnis deos propitios

sich nachts der Unzucht wegen in einer Sänfte in die Stadt tragen zu lassen, zu einer Frau, die zwar mit *einem* verheiratet war, aber sich *allen* feilbot – wider das göttliche Recht, wider die kultischen Pflichten seines Feldherrnamtes, wider alle göttlichen und menschlichen Gebote.[37]

14 (35) Ihr unsterblichen Götter! Wie verschieden ist doch das Denken und Trachten der Menschen! So wahr eure und des römischen Volkes Meinung mein Wollen und Hoffen für mein künftiges Leben gutheißen möge: die Ämter, die mir das römische Volk bisher anvertraut hat, die habe ich so entgegengenommen, daß ich mich zur gewissenhaften Erfüllung aller meiner Aufgaben verpflichtet fühlte. So bin ich Quästor geworden, daß ich glaubte, man habe mir dieses Amt damals nicht nur zugeteilt, sondern auch überantwortet und anvertraut. So habe ich die Quästur in der Provinz Sizilien verwaltet, daß ich meinte, aller Augen seien allein auf mich gerichtet, daß ich mir ausmalte, ich und meine Quästur befänden sich gleichsam auf einem Welttheater, daß ich immer alles, was als angenehm angesehen wird, nicht nur den heutigen außergewöhnlichen Gelüsten, sondern sogar selbst den natürlichen und unausbleiblichen Wünschen versagt habe. (36) Jetzt bin ich ernannter Ädil[38]; ich bin mir im klaren darüber, was ich vom römischen Volke empfangen habe: daß ich mit größter Sorgfalt und Feierlichkeit die hochheiligen Spiele zu Ehren der Ceres, des Liber und der Libera veranstalten, daß ich der Mutter Flora Gunst für das gesamte römische Volk durch die Feier von Spielen gewinnen, daß ich die uralten Spiele, die als die frühesten die römischen genannt worden sind, mit der größten Würde und Gewissenhaftigkeit zu Ehren des Jupiter, der Juno und der Minerva abhalten muß, daß mir die Betreuung der Tempel und der Schutz der ganzen Stadt anvertraut ist,[39] daß mir für diese anstrengende und rastlose Tätigkeit folgender Lohn verliehen ist: im Senat ein höherer Platz bei der Meinungsäußerung, die purpurverbrämte Toga, der kurulische Stuhl, das Recht, mein Bildnis dem Andenken der Nachwelt zu überliefern.[40] (37) So wahr ich wünsche, daß alle Götter mir gnädig seien: wenn mir

velim, – etiamsi mihi iucundissimus est honos populi, tamen nequaquam capio tantum voluptatis quantum et sollicitudinis et laboris, ut haec ipsa aedilitas, non quia necesse fuerit, alicui candidato data, sed, quia sic oportuerit, recte conlocata et iudicio populi in loco esse posita videatur.

15 (38) Tu cum esses praetor renuntiatus quoquo modo, – mitto enim et praetereo quid tum sit actum, – sed cum esses renuntiatus, ut dixi, non ipsa praeconis voce excitatus es, qui te totiens seniorum iuniorumque centuriis illo honore adfici pronuntiavit, ut hoc putares, aliquam rei publicae partem tibi creditam, annum tibi illum unum domo carendum esse meretricis? Cum tibi sorte obtigisset uti ius diceres, quantum negoti, quid oneris haberes, numquam cogitasti? neque illud rationis habuisti, si forte te expergefacere posses, eam provinciam, quam tueri singulari sapientia atque integritate difficile esset, ad summam stultitiam nequitiamque venisse? Itaque non modo a domo tua Chelidonem in praetura excludere noluisti, sed in Chelidonis domum praeturam totam detulisti. (39) Secuta provincia est; in qua numquam tibi venit in mentem non tibi idcirco fascis ac securis et tantam imperi vim tantamque ornamentorum omnium dignitatem datam ut earum rerum vi et auctoritate omnia repagula pudoris officique perfringeres, ut omnium bona praedam tuam duceres, ut nullius res tuta, nullius domus clausa, nullius vita saepta, nullius pudicitia munita contra tuam cupiditatem et audaciam posset esse; in qua tu te ita gessisti ut, omnibus cum teneare

auch das vom Volk verliehene Ehrenamt sehr angenehm ist, ihr Richter, so ernte ich aus alledem doch keineswegs so viel Vergnügen wie Sorge und Mühsal, damit sich zeigt, daß man gerade dieses Ädilenamt nicht, weil es notwendig war, irgendeinem Bewerber übertragen, sondern es, weil es sich so gebührte, richtig besetzt und nach dem Urteil des Volkes dem rechten Manne verliehen hat.

15 (38) Als du, unter welchen Umständen auch immer, zum Prätor ausgerufen wurdest (denn ich lasse beiseite und übergehe, was damals geschehen ist)[41], als du also, wie gesagt, ausgerufen wurdest, hat da nicht allein schon die Stimme des Herolds, der so viele Mal öffentlich bekanntgab, die Zenturien der Älteren und Jüngeren hätten dich mit diesem Ehrenamt betraut,[42] in dir den Gedanken geweckt, daß dir ein Teil der staatlichen Verwaltung anvertraut sei, daß du dieses eine Jahr dem Haus der Dirne fernbleiben müßtest? Als dir durch das Los die Rechtsprechung[43] zugefallen war, hast du dir da niemals Gedanken darüber gemacht, welch große Mühe, welche Last du damit hättest? Und hast du dir nicht Rechenschaft darüber gegeben (sofern du dich überhaupt dazu aufraffen konntest), daß dieses Amt, dessen Wahrnehmung auch bei hervorragender Klugheit und Uneigennützigkeit schwierig ist, an die größte Einfalt und Nichtsnutzigkeit gefallen war? Und so hast du es nicht nur abgelehnt, die Chelidon während deiner Prätur von deinem Haus fernzuhalten, sondern du hast sogar die ganze Prätur in das Haus der Chelidon verlegt. (39) Es folgte die Verwaltung der Provinz. Hierbei kam dir niemals in den Sinn, daß man dir nicht deshalb die Rutenbündel und die Beile und eine so große Befehlsgewalt und einen so hohen, mit allen Ehren versehenen Rang verliehen hat, damit du kraft dieser Macht und Würde alle Schranken des Anstands und des Pflichtgefühls durchbrechen, damit du jedermanns Hab und Gut als deine Beute ansehen solltest, damit niemandes Eigentum sicher, niemandes Haus verschlossen, niemandes Leben geschützt, niemandes Keuschheit gefeit sein sollte vor deiner Begierde und Skrupellosigkeit. Dabei hast du dich so benommen, daß du,

rebus, ad bellum fugitivorum confugias; ex quo iam intellegis non modo nullam tibi defensionem, sed maximam vim criminum exortam. Nisi forte Italici fugitivorum belli reliquias atque illud Tempsanum incommodum proferes, ad quod recens cum te peropportune fortuna attulisset, si quid in te virtutis aut industriae habuisses, idem qui semper fueras inventus es.

16 (40) Cum ad te Valentini venissent et pro iis homo disertus ac nobilis, M. Marius, loqueretur, ut negotium susciperes, ut, cum penes te praetorium imperium ac nomen esset, ad illam parvam manum exstinguendam ducem te principemque praeberes, non modo id refugisti, sed eo ipso tempore, cum esses in litore, Tertia illa tua, quam tu tecum deportaras, erat in omnium conspectu; ipsis autem Valentinis ex tam inlustri nobilique municipio tantis de rebus responsum dedisti, cum esses cum tunica pulla et pallio. Quid hunc proficiscentem, quid in ipsa provincia fecisse existimatis qui, cum iam ex provincia non ad triumphum sed ad iudicium decederet, ne illam quidem infamiam fugerit quam sine ulla voluptate capiebat? (41) O divina senatus frequentis in aede Bellonae admurmuratio! Memoria tenetis, iudices, cum advesperasceret et paulo ante esset de hoc Tempsano incommodo nuntiatum, cum inveniretur nemo qui in illa loca cum imperio mitteretur, dixisset*que* quidam Verrem esse non longe a Tempsa, quam valde universi admurmuraverint, quam palam principes dixerint contra. Et his tot criminibus testimoniis-

in jeder Beziehung überführt, zu einem Sklavenkrieg deine Zuflucht nimmst. Doch jetzt erkennst du, daß sich hieraus keinerlei Verteidigungsmöglichkeit für dich ergeben hat, sondern eine gewaltige Menge von Anschuldigungen. Es müßte denn sein, du willst die Überreste des italischen Sklavenkrieges und das Unglück der Tempsaner anführen; auf dieses Ereignis der jüngsten Zeit stieß dich das Glück und schenkte dir eine sehr günstige Gelegenheit[44], wenn du nur etwas Tüchtigkeit und Tatkraft besessen hättest; doch du hast dich als derselbe erwiesen, der du immer gewesen warst.

16 (40) Als die Valentiner[45] zu dir kamen und ihr Sprecher, der redegewandte und vornehme M. Marius, die Bitte vorbrachte, du möchtest dich der Sache annehmen, du möchtest dich, da du die Befehlsgewalt und den Titel eines Prätors hättest, als Führer und Haupt für die Vernichtung der kleinen Schar bereit finden, da hast du das nicht nur abgelehnt, sondern es bewegte sich gerade damals, als du dich am Ufer aufhieltest, deine Tertia[46], die du mitgenommen hattest, vor aller Augen; den Valentinern selbst aber, Leuten aus einer so bekannten und angesehenen Landstadt, erteiltest du in einer so wichtigen Sache deine Antwort, während du mit einer dunklen Tunika und einem griechischen Umhang bekleidet warst.[47] Was, glaubt ihr, hat unser Mann auf der Hinreise, was in der Provinz selbst getan, er, der doch, als er die Provinz bereits verließ – nicht zu einem Triumph, sondern zu einem Gerichtsverfahren –, nicht einmal die Schande vermieden hat, die er auf sich lud, ohne ein Vergnügen dafür zu haben? (41) Welch außerordentliches mißbilligendes Murren von seiten des zahlreich versammelten Senates im Tempel der Bellona[48]! Ihr erinnert euch, ihr Richter: es ging schon auf Abend zu, und kurz zuvor war die Nachricht vom Unglück der Tempsaner eingetroffen; als sich niemand fand, den man als Oberbefehlshaber in jene Gegend schicken konnte, und irgend jemand sagte, Verres sei nicht weit von Tempsa, wie deutlich haben sie da alle gemurrt, wie offen haben die ersten Männer des Senates dagegen gesprochen! Und jetzt, da er durch so viele Anschuldigungen und Zeugenaussagen über-

que convictus in eorum tabella spem sibi aliquam proponit, quorum omnium palam causa incognita voce damnatus est?

17 (42) Esto; nihil ex fugitivorum bello aut suspicione belli laudis adeptus est, quod neque bellum eius modi neque belli periculum fuit in Sicilia, neque ab isto provisum est ne quod esset; at vero contra bellum praedonum classem habuit ornatam diligentiamque in eo singularem, itaque ab isto praetore praeclare defensa provincia est. Sic de bello praedonum, sic de classe Siciliensi, iudices, dicam ut hoc iam ante confirmem, in hoc uno genere omnis inesse culpas istius maximas avaritiae, maiestatis, dementiae, libidinis, crudelitatis. Haec dum breviter expono, quaeso, ut fecistis adhuc, diligenter attendite.

(43) Rem navalem primum ita dico esse administratam, non uti provincia defenderetur, sed uti classis nomine pecunia quaereretur. Superiorum praetorum consuetudo cum haec fuisset, ut naves civitatibus certusque numerus nautarum militumque imperaretur, maximae et locupletissimae civitati Mamertinae nihil horum imperavisti. Ob hanc rem quid tibi Mamertini clam pecuniae dederint, post, si videbitur, ex ipsorum litteris testibusque quaeremus. (44) Navem vero cybaeam maximam triremis instar, [pulcherrimam atque ornatissimam cybaeam], palam aedificatam sumptu publico tuo nomine, publice, sciente tota Sicilia, per magistratum senatumque Mamertinum tibi datam donatamque esse dico. Haec navis onusta praeda Siciliensi, cum ipsa quoque esset ex praeda, simul cum ipse decederet, adpulsa Veliam est cum plurimis rebus, et iis quas iste Romam mittere cum ceteris

führt ist, setzt er noch einige Hoffnung auf die Stimmtäfelchen derer, die ihn geschlossen öffentlich und vernehmbar verurteilt haben, noch ehe eine gerichtliche Untersuchung stattfand?

17 (42) Nun gut, er hat sich keinen Ruhm in einem Sklavenkrieg oder bei einem befürchteten Krieg erworben; denn es gab keinen solchen Krieg noch eine Kriegsgefahr in Sizilien, noch hat er dafür gesorgt, daß es keinen gebe. »Aber er hatte doch eine wohlgerüstete Flotte für den Krieg gegen die Seeräuber und zeigte dabei eine hervorragende Umsicht; und so hat er als Prätor die Provinz vortrefflich verteidigt.« Ich werde so über den Seeräuberkrieg, so über die sizilische Flotte sprechen, ihr Richter, daß ich schon im voraus versichern kann, daß in diesem einen Gegenstand alle schlimmen Vergehen des Verres enthalten sind: Habgier, Hochverrat, Raserei, Willkür und Grausamkeit. Während ich dies kurz auseinandersetze, schenkt mir bitte, wie ihr es bisher getan habt, eure ganze Aufmerksamkeit.

(43) Erstens behaupte ich: um das Seewesen hat er sich nicht deshalb gekümmert, um die Provinz zu verteidigen, sondern um sich unter dem Vorwand, es sei für die Flotte, Geld zu verschaffen. Die früheren Prätoren hatten die Gewohnheit, den Gemeinden das Stellen von Schiffen und einer bestimmten Zahl von Matrosen und Soldaten aufzuerlegen; doch du hast der großen und reichen Gemeinde Messana nichts davon auferlegt. Wieviel Geld dir die Mamertiner[49] hierfür heimlich gegeben haben, das werden wir später, wenn es beliebt, aus deren eigenen Aufzeichnungen und Zeugenaussagen festzustellen suchen. (44) Ferner behaupte ich: ein sehr großes Lastschiff, einem Dreiruderer gleich, hat man von Amts wegen und auf öffentliche Kosten in deinem Auftrag vor aller Augen gebaut, wie ganz Sizilien weiß, und dir durch die Behörde und den Rat der Mamertiner übergeben und geschenkt. Dieses Schiff, das selbst ein Beutestück war, fuhr, mit sizilischer Beute beladen, zur selben Zeit wie Verres ab und landete mit sehr vielen Sachen in Velia[50], und zwar mit denen, die er nicht mit den übrigen gestohlenen Gegenstän-

furtis noluit, quod erant clarissimae maximeque eum delectabant. Eam navem nuper egomet vidi Veliae multique alii viderunt, pulcherrimam atque ornatissimam, iudices: quae quidem omnibus qui eam aspexerant prospectare iam exsilium atque explorare fugam domini videbatur.

18 (45) Quid mihi hoc loco respondebis? nisi forte id quod, tametsi probari nullo modo potest, tamen dici quidem in iudicio de pecuniis repetundis necesse est, de tua pecunia aedificatam esse navem. Aude hoc saltem dicere quod necesse est; noli metuere, Hortensi, ne quaeram qui licuerit aedificare navem senatori; antiquae sunt istae leges et mortuae, quem ad modum tu soles dicere, quae vetant. Fuit ista res publica quondam, fuit ista severitas in iudiciis, ut istam rem accusator in magnis criminibus obiciendam putaret. Quid enim tibi navi? qui si quo publice proficisceris, praesidi et vecturae causa sumptu publico navigia praebentur; privatim autem nec proficisci quoquam potes nec arcessere res transmarinas ex iis locis in quibus te habere nihil licet. (46) Deinde cur quicquam contra leges parasti? Valeret hoc crimen in illa vetere severitate ac dignitate rei publicae; nunc non modo te hoc crimine non arguo, sed ne illa quidem communi vituperatione reprehendo: Tu tibi hoc numquam turpe, numquam criminosum, numquam invidiosum fore putasti, celeberrimo loco palam tibi aedificari onerariam navem in provincia quam tu cum imperio obtinebas? Quid eos loqui qui videbant, quid existimare eos qui audiebant arbitrabare? inanem te navem esse illam in Italiam adducturum? navicula-

den nach Rom schicken wollte, weil sie sehr kostbar waren und ihm eine besondere Freude bereiteten. Dieses Schiff habe ich kürzlich selbst in Velia gesehen,[51] und viele andere haben es gesehen; es war sehr schön und vortrefflich ausgerüstet, ihr Richter. Allen, die es erblickten, kam es so vor, als ob es schon Ausschau nach der Verbannung halte und einen Weg zur Flucht seines Herrn ausspähe.

18 (45) Was wirst du mir hier antworten? Gegebenenfalls, was man, wenn es sich auch keineswegs beweisen läßt, dennoch in einem Gerichtsverfahren wegen Erpressungen zu behaupten gezwungen ist: das Schiff sei von deinem eigenen Geld gebaut worden. Wage wenigstens das zu behaupten, wozu du gezwungen bist. Fürchte nicht, Hortensius, daß ich frage, inwiefern es denn einem Senator erlaubt war, sich ein Schiff bauen zu lassen. Alt und überholt sind die Gesetze, wie du zu sagen pflegst, die das verbieten.[52] Es gab einst eine solche politische Moral, es gab eine solche Strenge der Gerichte, daß ein Ankläger glaubte, eine solche Tat als schwere Anschuldigung vorbringen zu müssen. Denn wozu brauchtest du ein Schiff? Wenn du nämlich dienstlich irgendwohin reisen mußt, so stellt man dir für eine sichere Fahrt auf öffentliche Kosten Schiffe zur Verfügung; aber in eigener Sache darfst du nicht irgendwohin reisen noch dir Dinge über See aus den Gegenden kommen lassen, in denen etwas zu besitzen dir nicht erlaubt ist.[53] (46) Ferner: warum hast du dir etwas gegen die gesetzlichen Bestimmungen verschafft? Diese Anschuldigung würde schwer wiegen, wenn die alte Strenge und Würde des Staates noch bestünde; doch jetzt klage ich dich wegen dieses Verstoßes nicht an; ja, ich will dich nicht einmal mit dem allgemein üblichen Tadel rügen. Du aber, hast du geglaubt, es werde dir niemals Schimpf, niemals einen Vorwurf, niemals Feindschaft einbringen, daß man dir an einem vielbesuchten Ort in aller Öffentlichkeit ein Lastschiff gebaut hat – in der Provinz, die du als höchster Beamter verwaltetest? Was, glaubtest du, würden die sagen, die das sahen, was die sich denken, die davon hörten? Daß du das Schiff leer nach Italien bringen wolltest? Daß du, nach

riam, cum Romam venisses, esse facturum? Ne illud quidem quisquam poterat suspicari, te in Italia maritimum habere fundum et ad fructus deportandos onerariam navem comparare. Eius modi voluisti de te sermonem esse omnium palam ut loquerentur te illam navem parare quae praedam ex Sicilia deportaret, et ad ea furta quae reliquisses commearet. (47) Verum haec omnia, si doces navem de tua pecunia aedificatam, remitto atque concedo. Sed hoc, homo amentissime, non intellegis priore actione ab ipsis istis Mamertinis, tuis laudatoribus, esse sublatum? Nam dixit Heius, princeps istius legationis quae ad tuam laudationem missa est, navem tibi operis publicis Mamertinorum esse factam, eique faciendae senatorem Mamertinum publice praefuisse. Reliqua est materies. Hanc Reginis, ut ipsi dicunt – tametsi tu negare non potes – publice, quod Mamertini materiem non habent, imperavisti. **19** Si et ex quo fit navis, et qui faciunt, imperio tibi tuo non pretio praesto fuerunt, ubi tandem istud latet quod tu de tua pecunia dicis impensum? (48) At Mamertini in tabulis nihil habent. Primum video potuisse fieri ut ex aerario nihil darent; etenim vel Capitolium, sicut apud maiores nostros factum est, publice coactis fabris operisque imperatis gratiis exaedificari atque effici potuit; deinde perspicio id quod ostendam, cum ipsos produxero, ipsorum ex litteris multas pecunias isti erogatas in operum locationes falsas atque inanis esse perscriptas. Iam illud minime mirum est, Mamertinos a quo summum beneficium acceperant, quem

Rom gekommen, Frachtschiffahrt betreiben werdest? Auch das konnte niemand mutmaßen, daß du in Italien ein Seegrundstück hättest und dir das Lastschiff besorgtest, um die Ernteerträge wegzuschaffen. Du wolltest wohl, daß das allgemeine Gerede über dich so war, daß man ganz offen äußerte, du besorgtest dir das Schiff, um deine Beute aus Sizilien fortzuschaffen und um das gestohlene Gut, das du zurückgelassen, nachzuholen. (47) Aber dies alles erlasse und schenke ich dir, wenn du nachweist, daß das Schiff auf deine Kosten gebaut worden ist. Indes, du aberwitziger Mensch, ist dir nicht klar, daß ausgerechnet die Mamertiner, deine Lobredner, dir in der ersten Verhandlung diesen Ausweg abgeschnitten haben? Denn ausgesagt hat Heius, der Leiter der Gesandtschaft, die zu deiner Belobigung abgeordnet wurde: das Schiff hätten Arbeiter der Gemeinde Messana für dich gebaut und ein mamertinischer Ratsherr habe von Amts wegen den Bau beaufsichtigt. Es bleibt noch das Bauholz. Das hast du von Amts wegen den Reginern[54] auferlegt, wie sie selbst sagen (freilich könntest auch du es nicht leugnen), weil die Mamertiner kein Bauholz haben. 19 Wenn dir sowohl das Material, aus dem das Schiff gebaut wurde, als auch die Leute, die es bauten, auf deinen Befehl, nicht gegen Bezahlung zur Verfügung standen: wo steckt dann eigentlich das, was du von deinem eigenen Geld aufgewendet zu haben behauptest? (48) »Aber die Mamertiner haben nichts davon in ihren Büchern.« Erstens sehe ich die Möglichkeit, daß sie nichts aus der Staatskasse zahlten. Denn auch das Kapitol konnte, wie es bei unseren Vorfahren geschehen ist, von Staats wegen, indem man Handwerker zusammenholte und Arbeiter aufbot, kostenlos erbaut und fertiggestellt werden. Sodann ist mir, wie ich noch zeigen werde, wenn ich die betreffenden Leute vorführe, aus ihren Aufzeichnungen klar geworden, daß viele Geldbeträge, die für Verres ausgegeben wurden, unter falschen und erfundenen Arbeitsverträgen gebucht worden sind. Übrigens ist es ja auch keineswegs verwunderlich, daß die Mamertiner in ihren Aufzeichnungen einen Mann geschont haben, von dem sie so große Vergünsti-

sibi amiciorem quam populo Romano esse cognoverant, eius capiti litteris suis pepercisse. Sed si argumento est Mamertinos tibi pecuniam non dedisse, quia scriptum non habent, sit argumento tibi gratiis stare navem, quia, quid emeris aut quid locaris, scriptum proferre non potes.

(49) At enim idcirco navem Mamertinis non imperasti, quod sunt foederati. Di adprobent! Habemus hominem in fetialium manibus educatum, unum praeter ceteros in publicis religionibus foederum sanctum ac diligentem; omnes qui ante te fuerunt praetores dedantur Mamertinis, quod iis navem contra pactionem foederis imperarint. Sed tamen tu, sancte homo ac religiose, cur Tauromenitanis item foederatis navem imperasti? An hoc probabis, in aequa causa populorum sine pretio varium ius et disparem condicionem fuisse?

(50) Quid? si eius modi esse haec duo foedera duorum populorum, iudices, doceo, ut Tauromenitanis nominatim cautum et exceptum sit foedere ne navem dare debeant, Mamertinis in ipso foedere sanctum atque praescriptum sit ut navem dare necesse sit, istum autem contra foedus et Tauromenitanis imperasse et Mamertinis remisisse, num cui dubium poterit esse quin Verre praetore plus Mamertinis cybaea quam Tauromenitanis foedus opitulatum sit? Recitentur foedera.

20 Isto igitur tuo, quem ad modum ipse praedicas, beneficio,

gungen erhalten hatten, von dem sie aus Erfahrung wußten, daß er ihnen mehr verbunden war als dem römischen Volk. Doch wenn es ein Beweis ist, daß die Mamertiner dir kein Geld gegeben haben, weil sie nichts Schriftliches darüber haben, so muß ebenso als Beweis dafür, daß das Schiff dich nichts gekostet hat, die Tatsache gelten, daß du nichts Schriftliches darüber beibringen kannst, was du gekauft oder gegen Bezahlung in Auftrag gegeben hast.

(49) Aber du hast ja doch den Mamertinern deshalb nicht die Lieferung eines Schiffes auferlegt, weil sie Verbündete sind. Mögen die Götter ihren Segen dazu geben! Da haben wir einen Mann, der unter den Händen der Fetialen[55] groß geworden ist, einen Mann, der mehr als andere untadelig und gewissenhaft ist, wenn es sich um die gewissenhafte Erfüllung der Pflichten des Staates bei Bündnisverträgen handelt. Alle Prätoren, die vor dir waren, liefere man den Mamertinern aus, weil sie ihnen – entgegen dem Bündnisvertrag – die Lieferung eines Schiffes anbefohlen haben. Freilich, du sittenstrenger und gewissenhafter Mann, warum hast du dann den Tauromeniern[56], die ebenfalls Verbündete sind, ein Schiff zu liefern befohlen? Oder willst du glaubhaft machen, daß trotz gleicher Stellung der Gemeinden ihr Recht unterschiedlich und ihre Lage ungleich gewesen ist, ohne daß Geld im Spiel gewesen wäre? (50) Wie? Angenommen, ich beweise, ihr Richter, die beiden Bündnisverträge der beiden Völker sind so, daß den Tauromeniern im Vertrag ausdrücklich zugesichert und als Ausnahme zugestanden ist, daß sie kein Schiff zu liefern brauchen, den Mamertinern aber ebenfalls im Vertrag aufgegeben und vorgeschrieben ist, daß sie ein Schiff liefern müssen, und daß Verres also entgegen dem Vertrag den Tauromeniern die Lieferung befohlen und den Mamertinern erlassen hat: kann es dann noch jemandem zweifelhaft sein, daß unter der Prätur des Verres den Mamertinern das Lastschiff mehr geholfen hat als den Tauromeniern der Bündnisvertrag? Man lese die Bündnisverträge vor.

20 Durch diese deine Wohltat also, wie du selbst rühmend

ut res indicat, pretio atque mercede minuisti maiestatem rei publicae, minuisti auxilia populi Romani, minuisti copias maiorum virtute ac sapientia comparatas, sustulisti ius imperi, condicionem sociorum, memoriam foederis: qui ex foedere ipso navem vel usque ad Oceanum, si imperassemus, sumptu periculoque suo armatam atque ornatam mittere debuerunt, hi ne in freto ante sua tecta et domos navigarent, ne sua moenia portusque defenderent, pretio abs te ius foederis et imperi condicionem redemerunt. (51) Quid censetis in hoc foedere faciendo voluisse Mamertinos impendere laboris, operae, pecuniae ne haec biremis adscriberetur, si id ullo modo possent a nostris maioribus impetrare? Nam cum hoc munus imponebatur tam grave civitati, inerat nescio quo modo in illo foedere societatis quasi quaedam nota servitutis. Quod tum, recentibus suis officiis, integra re, nullis populi Romani difficultatibus, a maioribus nostris foedere adsequi non potuerunt, id nunc, nullo novo officio suo, tot annis post, – iure imperi nostri quotannis usurpatum ac semper retentum, – summa in difficultate navium, a C. Verre pretio adsecuti sunt, ac non hoc solum adsecuti, ne navem darent: ecquem nautam, ecquem militem, qui aut in classe aut in praesidio esset, te praetore per triennium Mamertini dederunt?

21 (52) Denique cum ex senatus consulto itemque ex lege

hervorhebst, oder, wie der Sachverhalt zeigt, für Geld und
Lohn hast du geschwächt die Hoheit des Staates, geschwächt
die Hilfsquellen des römischen Volkes, geschwächt die durch
die Tüchtigkeit und Klugheit der Vorfahren erworbene
Macht, abgeschafft die rechtlichen Bestimmungen für den
Oberbefehl, die Stellung der Bundesgenossen, die Beachtung
des Vertrages. Die Mamertiner, die aufgrund der ausdrückli-
chen Bestimmung des Bündnisvertrages verpflichtet gewesen wären, auf eigene Kosten und Gefahr ein Schiff bewaff-
net und ausgerüstet sogar bis an den Ozean zu schicken,
wenn wir es verlangt hätten, die haben, um nicht in der
Meerenge vor ihren Wohnungen und Häusern mit dem
Schiff fahren und um nicht ihre Mauern und Häfen verteidigen zu müssen, dir für Geld ihre vertragliche Verpflichtung und die Bedingungen unserer Herrschaft abgekauft.
(51) Wieviel Anstrengung, Mühe und Geld, meint ihr wohl,
hätten die Mamertiner beim Abschluß des Vertrages gern
aufgewendet, um die Zusatzbestimmung betreffs dieses
Zweiruderers zu vermeiden, wenn sie dies irgendwie bei
unseren Vorfahren hätten erreichen können? Denn als man
der Gemeinde diese so beschwerliche Leistung auferlegte, da
haftete dem Bündnisvertrag vielleicht gleichsam ein Makel
von Knechtschaft an. Was sie damals, als ihre Verpflichtungen gerade erst festgelegt wurden und die Angelegenheit
noch unentschieden war und sich das römische Volk in keinen Schwierigkeiten befand, von unseren Vorfahren in ihrem
Vertrag nicht erreichen konnten, das haben sie jetzt, so viele
Jahre später, ohne eine neue Verpflichtung ihrerseits, obwohl
wir das Recht unserer Herrschaft jährlich ausgeübt und stets
daran festgehalten hatten, nun trotz größtem Mangel an
Schiffen bei C. Verres mit Geld erreicht. Und sie haben nicht
nur erreicht, daß sie kein Schiff zu liefern brauchten: haben
denn die Mamertiner während der drei Jahre deiner Prätur
wohl irgendeinen Seemann, irgendeinen Soldaten gestellt,
der auf der Flotte oder in einer Wachmannschaft Dienst
getan hätte?

21 (52) Und endlich: als auf Grund eines Senatsbeschlusses

Terentia et Cassia frumentum aequabiliter emi ab omnibus Siciliae civitatibus oporteret, id quoque munus leve atque commune Mamertinis remisisti. Dices frumentum Mamertinos non debere. Quo modo non debere? an ut ne venderent? non enim erat hoc genus frumenti ex eo genere quod exigeretur, sed ex eo quod emeretur. Te igitur auctore et interprete ne foro quidem et commeatu Mamertini iuvare populum Romanum debuerunt. (53) Quae tandem civitas fuit quae deberet? Qui publicos agros arant, certum est quid e lege censoria debeant: cur his quicquam praeterea ex alio genere imperavisti? Quid? decumani num quid praeter singulas decumas ex lege Hieronica debent? cur his quoque statuisti quantum ex hoc genere frumenti empti darent? Quid immunes? hi certe nihil debent. At eis non modo imperasti, verum etiam, quo plus darent quam poterant, haec sexagena milia modium, quae Mamertinis remiseras, addidisti. Neque hoc dico, ceteris non recte imperatum, sed Mamertinis, qui erant in eadem causa, et quibus superiores omnes item ut ceteris imperarant pecuniamque ex senatus consulto et ex lege dissolverant, his dico non recte remissum.

Et ut hoc beneficium, quem ad modum dicitur, trabali clavo figeret, cum consilio causam Mamertinorum cognoscit et de consili sententia Mamertinis se frumentum non imperare pronuntiat. (54) Audite decretum mercennarii praetoris ex ipsius commentario, et cognoscite quanta in scribendo gravi-

und ebenso auf Grund des Terentischen und Cassischen Gesetzes[57] in gleichem Verhältnis von allen sizilischen Gemeinden Getreide gekauft werden sollte,[58] da hast du auch diese leichte und allgemeine Pflicht den Mamertinern erlassen. Du wirst sagen, die Mamertiner seien zu keiner Getreidelieferung verpflichtet. Weshalb nicht verpflichtet? Etwa auch nicht dazu, es zu verkaufen? Denn es handelte sich nicht um die Art von Getreide, das man eintrieb, sondern um solches, das man kaufte. Auf deine Veranlassung und nach deiner Deutung brauchten also die Mamertiner das römische Volk nicht einmal mit ihrem Markt und ihrem Handel zu unterstützen. (53) Doch welche Gemeinde war denn eigentlich hierzu verpflichtet? Wer Staatsland bestellt,[59] für den steht genau fest, was er auf Grund zensorischer Bestimmung zu leisten verpflichtet ist: warum hast du diesen Bauern noch Leistungen anderer Art auferlegt? Wie? Sind etwa die Zehntpflichtigen nach dem Gesetz des Hieron außer dem einfachen Zehnten noch etwas schuldig? Warum hast du auch diese angewiesen, wieviel sie von der Art des Kaufgetreides liefern sollten? Wie steht es mit den Abgabefreien? Die sind doch bestimmt zu nichts verpflichtet. Ihnen hast du indes nicht nur Auflagen gemacht, sondern – so daß sie mehr liefern mußten, als sie konnten – ihnen noch die 60 000 Maß zusätzlich aufgezwungen, die du den Mamertinern erlassen hattest.[60] Und ich sage nicht, du habest den anderen nicht zu Recht Auflagen gemacht; doch den Mamertinern, die sich in derselben Lage befanden und denen alle deine Vorgänger ebenso wie den anderen Leistungen auferlegt und den durch Senatsbeschluß und gesetzliche Bestimmung festgesetzten Kaufpreis bezahlt hatten, denen hast du, sage ich, zu Unrecht die Lieferung erlassen.

Und um diese Vergünstigung, wie man sagt, niet- und nagelfest zu machen, prüft er die Sache der Mamertiner mit seinen Beratern und erklärt auf deren Vorschlag, daß er von den Mamertinern kein Getreide verlange. (54) Vernehmt den Beschluß des mit Geld gedungenen Prätors aus seinem eigenen Protokoll, und erkennt, welche Würde er in seinem Stil,

tas, quanta in constituendo iure sit auctoritas. Recita. COM-
MENTARIUS. De consili sententia libenter ait se facere itaque
perscribit. Quid, si hoc verbo non esses usus 'libenter'? nos
videlicet invitum te quaestum facere putaremus. Ac 'de consili sententia'! Praeclarum recitari consilium, iudices, audistis; utrum vobis consilium tandem praetoris recitari videbatur, cum audiebatis nomina, an praedonis improbissimi
societas atque comitatus? (55) En foederum interpretes,
societatis pactores, religionis auctores! Numquam in Sicilia
frumentum publice est emptum quin Mamertinis pro porti-
one imperaretur, antequam hoc delectum praeclarumque
consilium iste dedit, ut ab his nummos acciperet ac sui similis
esset. Itaque tantum valuit istius decreti auctoritas quantum
debuit eius hominis qui, a quibus frumentum emere debuis-
set, iis decretum vendidisset. Nam statim L. Metellus ut isti
successit, ex C. Sacerdotis et ex Sex. Peducaei instituto ac litteris frumentum Mamertinis imperavit. 22 (56) Tum illi
intellexerunt se id quod a malo auctore emissent diutius obtinere non posse.

Age porro, tu, qui tam religiosum existimari te voluisti inter-
pretem foederum, cur Tauromenitanis frumentum, cur Netinis imperasti? quarum civitatum utraque foederata est. Ac
Netini quidem sibi non defuerunt ac, simul pronuntiasti
libenter te Mamertinis remittere, te adierunt et eandem suam
causam foederis esse docuerunt. Tu aliter decernere eadem in
causa non potuisti; pronuntias Netinos frumentum dare non

welche Hoheit bei der Festsetzung des Rechts zeigt. Lies vor.
– Das Protokoll. – Gern, sagt er, handle er nach dem Vorschlag seiner Berater, und genau so schreibt er es auch nieder.
Aber wie, wenn du das Wort »gern« nicht gebraucht hättest?
Dann würden wir selbstverständlich glauben, daß du nur
ungern einen Gewinn machtest. Und »nach dem Vorschlag
der Berater«! Ihr habt gehört, ihr Richter, wie man das Ver-
zeichnis seiner glänzenden Ratgeber vorlas; was glaubtet ihr
denn, als ihr die Namen hörtet: daß man die Ratgeber eines
Prätors verlas oder die Genossen und Gefolgsleute des
gewissenlosesten Räubers? (55) Das sind nun die Leute, die
Verträge ausdeuten, Bündnisse abschließen und für bin-
dende Verpflichtungen einstehen. Niemals wurde in Sizilien
von Staats wegen Getreide gekauft, ohne daß man den
Mamertinern einen angemessenen Anteil auferlegt hätte –
bevor Verres diesen erlesenen und trefflichen Beirat bestellte,
um von den Mamertinern Geld zu erhalten und sich gleich zu
bleiben. Daher blieb der Beschluß des Verres nur so lange in
Kraft, wie es bei einem Mann der Fall sein mußte, der *den*
Leuten seinen Beschluß verkaufte, von denen er hätte
Getreide kaufen sollen. Denn sobald L. Metellus ihm im
Amt gefolgt war, verlangte er gemäß der schriftlichen An-
ordnung der C. Sacerdos und des Sex. Peducaeus[61] von den
Mamertinern die Lieferung von Getreide. **22** (56) Da begrif-
fen sie, daß sie das, was sie von einem Mann, der es ihnen zu
Unrecht gewährte, gekauft hatten, nicht länger beanspru-
chen konnten.

Doch gut: du, der du als gewissenhafter Erklärer von Bündnisverträgen gelten wolltest – warum hast du den Tauromé-
niern, warum den Nettinern[62] Getreide zu liefern befohlen?
Diese beiden Staaten sind doch mit uns verbündet. Und die
Nettiner vernachlässigten nicht ihr Interesse: sobald du
erklärtest, du wollest den Mamertinern gerne die Abgabe
erlassen, kamen sie zu dir und wiesen darauf hin, daß ihr Ver-
tragsverhältnis dasselbe sei. Du konntest bei dem gleichen
Sachverhalt nicht unterschiedlich entscheiden; du erklärst,
die Nettiner seien nicht verpflichtet, Getreide zu liefern, und

debere et ab his tamen exigis. Cedo mihi eiusdem praetoris litteras et rerum decretarum et frumenti imperati. LITTERAE RERUM DECRETARUM. Quid potius in hac tanta et tam turpi inconstantia suspicari possumus, iudices, quam id quod necesse est, aut isti a Netinis pecuniam cum posceret non datam, aut id esse actum ut intellegerent Mamertini bene se apud istum tam multa pretia ac munera conlocasse, cum idem alii iuris ex eadem causa non obtinerent?

(57) Hic mihi etiam audebit mentionem facere Mamertinae laudationis! in qua quam multa sint vulnera quis est vestrum, iudices, quin intellegat? Primum in iudiciis qui decem laudatores dare non potest, honestius est ei nullum dare quam illum quasi legitimum numerum consuetudinis non explere. Tot in Sicilia civitates sunt quibus tu per triennium praefuisti: arguunt ceterae, paucae et parvae et metu repressae silent, una laudat. Hoc quid est nisi intellegere quid habeat utilitatis vera laudatio, sed tamen ita provinciae praefuisse ut hac utilitate necessario sit carendum? (58) Deinde, quod alio loco antea dixi, quae est ista tandem laudatio, cuius laudationis legati et principes et publice tibi navem aedificatam et privatim se ipsos abs te spoliatos expilatosque esse dixerunt? Postremo quid aliud isti faciunt, cum te soli ex Sicilia laudant, nisi testimonio nobis sunt omnia te sibi esse largitum quae tu de re publica nostra detraxeris? Quae colonia est in Italia tam bono iure, quod tam immune municipium, quod per hosce annos tam commoda vacatione omnium rerum sit usum quam Mamertina civitas? Per triennium soli ex foedere

doch verlangst du es von ihnen. Ich bitte um die Protokolle ein und desselben Prätors über die Beschlüsse und die Getreideauflagen. – Die Protokolle über die Beschlüsse. – Was können wir bei einer so großen und so schändlichen Widersprüchlichkeit anderes vermuten, ihr Richter, als was unvermeidlich ist: entweder haben ihm die Nettiner, als er Geld von ihnen forderte, nichts gegeben, oder er hatte es darauf abgesehen, den Mamertinern klarzumachen, daß sie ihre vielen Zahlungen und Geschenke gut bei ihm angelegt hätten, da ja andere trotz gleicher Sachlage nicht dasselbe Vorrecht erhielten.

(57) Jetzt soll er mir nur noch wagen, das Lob der Mamertiner geltend zu machen! Wie viele wunde Stellen sich darin befinden, wer von euch erkennt das nicht, ihr Richter? Erstens: wer vor Gericht nicht zehn Zeugen, die ihn loben, beibringen kann, für den ist es ehrenvoller, gar keinen beizubringen als diese gleichsam gesetzliche herkömmliche Zahl nicht zu erfüllen. Es gibt in Sizilien so viele Gemeinden, deren Vorgesetzter du drei Jahre lang gewesen bist: die übrigen beschuldigen dich, wenige kleine, die sich aus Furcht zurückhalten, schweigen; eine einzige lobt dich. Was bedeutet dies anderes, als daß du dir zwar bewußt bist, welchen Nutzen echtes Lob gewährt, aber doch die Provinz so verwaltet hast, daß dir dieser Nutzen notwendigerweise versagt bleiben muß. (58) Sodann, wie ich schon vorhin an anderer Stelle gesagt habe:[63] was ist das eigentlich für ein Lob, bei dem die Abgesandten und führenden Männer sagten, man habe dir auf öffentliche Kosten ein Schiff gebaut und sie selbst seien von dir an ihrem Privatvermögen beraubt und ausgeplündert worden. Schließlich, wenn sie als die einzigen aus Sizilien dich loben, was bewirken sie damit anderes, als daß sie uns bezeugen, daß du ihnen alles großzügig geschenkt hast, was du unserem Staat entzogen hast. Welche Kolonie in Italien ist so bevorrechtigt, welche Munizipalstadt so frei von Leistungen,[64] daß sie sich während dieser Jahre einer so angenehmen Befreiung von allen Lasten erfreut hätte wie die Gemeinde der Mamertiner? Sie allein

quod debuerunt non dederunt, soli isto praetore omnium rerum immunes fuerunt, soli in istius imperio ea condicione vixerunt ut populo Romano nihil darent, Verri nihil negarent.

23 (59) Verum ut ad classem, quo ex loco sum digressus, revertar, accepisti a Mamertinis navem contra leges, remisisti contra foedera. Ita in una civitate bis improbus fuisti, cum et remisisti quod non oportebat, et accepisti quod non licebat. Exigere te oportuit navem quae contra praedones, non quae cum praeda navigaret, quae defenderet ne provincia spoliaretur, non quae provinciae spolia portaret. Mamertini tibi et urbem quo furta undique deportares, et navem in qua exportares praebuerunt; illud tibi oppidum receptaculum praedae fuit, illi homines testes custodesque furtorum, illi tibi et locum furtis et furtorum vehiculum comparaverunt. Itaque ne tum quidem cum classem avaritia ac nequitia tua perdidisti Mamertinis navem imperare ausus es; quo tempore in tanta inopia navium tantaque calamitate provinciae, etiamsi precario essent rogandi, tamen ab iis impetraretur. Reprimebat enim tibi et imperandi vim et rogandi conatum praeclara illa non populo Romano reddita biremis, sed praetori donata cybaea. Ea fuit tui merces imperi, auxili, iuris, consuetudinis, foederis.

(60) Habetis unius civitatis firmum auxilium amissum ac venditum pretio: cognoscite nunc novam praedandi ratio-

haben drei Jahre lang nicht aufgebracht, was sie nach dem Vertrag schuldig waren; sie allein waren während der Prätur des Verres frei von allen Abgaben; sie allein befanden sich während seiner Amtszeit in einer solchen Lage, daß sie dem römischen Volk nichts gaben, dem Verres nichts verweigerten.

23 (59) Doch um auf die Flotte, von der ich abgeschweift bin, zurückzukommen: du hast von den Mamertinern gegen die gesetzlichen Bestimmungen ein Schiff entgegengenommen, hast ihnen gegen die Bündnisverträge eines erlassen. So hast du dich bei einer Gemeinde zweifach unredlich verhalten, indem du erlassen, was du nicht durftest, und entgegengenommen hast, was dir nicht erlaubt war. Du hättest ein Schiff verlangen sollen, das gegen die Räuber, nicht mit dem Raub ausfuhr, das die Provinz vor der Ausplünderung schützte, nicht die in der Provinz geplünderten Dinge fortschaffte. Die Mamertiner haben dir ihre Stadt, um das Diebesgut von überallher dorthin zu schaffen, und ein Schiff, um es auf ihm wegzuschaffen, zur Verfügung gestellt. Diese Stadt war für dich ein Stapelplatz deiner Beute; ihre Bewohner waren Zeugen und Wächter des Diebesgutes; sie haben dir für das Diebesgut sowohl einen Aufbewahrungsort als auch ein Fahrzeug verschafft. Daher hast du nicht einmal damals, als du durch deine Habgier und Unfähigkeit die Flotte einbüßtest, den Mamertinern die Lieferung eines Schiffes aufzuerlegen gewagt, und das zu einer Zeit, da der Mangel an Schiffen so groß und die Lage der Provinz so schlimm war, daß man es von ihnen erlangt hätte, auch wenn man sich nur mit Bitten hätte an sie wenden dürfen. Denn dich hemmte ja in der Kraft zu befehlen und dem Versuch zu bitten jenes herrliche Fahrzeug – nicht ein dem römischen Volk gelieferter Zweiruderer, sondern ein dem Prätor geschenktes Lastschiff. Dieses war der Lohn für deine Art zu regieren und Hilfe zu verlangen, für deinen Umgang mit dem Recht, dem Herkommen und dem Bündnisvertrag.

(60) Nun wißt ihr, daß die sichere Hilfe einer Gemeinde für Geld preisgegeben und verkauft worden ist. Lernt jetzt eine

nem ab hoc primum excogitatam. **24** Sumptum omnem in classem frumento stipendio ceterisque rebus suo quaeque nauarcho civitas semper dare solebat. Is neque ut accusaretur a nautis committere audebat, et civibus suis rationes referre debebat, et in illo omni negotio non modo labore sed etiam periculo suo versabatur. Erat hoc, ut dico, factitatum semper, nec solum in Sicilia sed in omnibus provinciis, etiam in sociorum et Latinorum stipendio ac sumptu, tum cum illorum auxiliis uti solebamus: Verres post imperium constitutum primus imperavit ut ea pecunia omnis a civitatibus sibi adnumeraretur, ut is eam pecuniam tractaret quem ipse praefecisset. (61) Cui potest esse dubium quam ob rem et omnium consuetudinem veterem primus immutaris, et tantam utilitatem per alios tractandae pecuniae neglexeris, et tantam difficultatem cum crimine, molestiam cum suspicione susceperis? Deinde alii quaestus instituuntur, ex uno genere navali videte quam multi! accipere a civitatibus pecuniam ne nautas darent, pretio certo missos facere nautas, missorum omne stipendium lucrari, reliquis quod deberet non dare, – haec omnia ex civitatum testimoniis cognoscite. Recita. Testimonia civitatum. **25** (62) Huncine hominem, hancine impudentiam, iudices, hanc audaciam! civitatibus pro numero militum pecuniarum summas discribere, certum pretium, sescenos nummos, nautarum missionis constituere! quos qui dederat commeatum totius aestatis abstulerat, iste, quod eius nautae nomine pro stipendio frumentoque acceperat, lucra-

neue Art der Ausbeutung kennen, die Verres sich als erster ausgedacht hat. **24** Allen Aufwand für die Flotte an Getreide, dem Sold und den anderen Dingen pflegte jede Gemeinde stets dem eigenen Schiffskommandanten zu übergeben. Der wagte es nicht, es zu einer Anklage von seiten der Schiffsmannschaft kommen zu lassen, und mußte andererseits seinen Mitbürgern Rechenschaft ablegen, und so war das ganze Amt nicht nur mit Mühe, sondern auch mit persönlichem Risiko verbunden. So hatte man es, wie gesagt, immer getan, nicht nur in Sizilien, sondern in allen Provinzen, auch bei den Lohn- und Unterhaltskosten für die Bundesgenossen und Latiner zu der Zeit, als wir ihre Hilfstruppen noch in Anspruch zu nehmen pflegten.[65] Verres war seit dem Bestehen unserer Herrschaft der erste, der anordnete, daß die Gemeinden den ganzen Geldbetrag an ihn auszahlten, damit der dies Geld verwalte, den er selbst zum Befehlshaber ernannt habe. (61) Wem kann zweifelhaft sein, weshalb du den allgemein beachteten, althergebrachten Brauch als erster abgeändert und den großen Vorteil, das Geld durch andere verwalten zu lassen, aufgegeben und ein so schwieriges Geschäft, das zu Anschuldigungen, und eine lästige Aufgabe, die zu Verdächtigungen führen konnte, auf dich genommen hast? Doch dann verschafft er sich noch andere Erwerbsquellen aus dem einen Bereich des Seewesens – bemerkt, wie viele! Er nahm von den Gemeinden Geld dafür, daß sie keine Matrosen zu stellen brauchten; für einen bestimmten Preis entließ er die Seeleute; den gesamten Sold der Entlassenen behielt er für sich, den anderen[66] zahlte er nicht, was er schuldig war. Dies alles entnehmt den Zeugenaussagen der Gemeinden. Lies vor. – Die Zeugenaussagen der Gemeinden. – **25** (62) Was ist das für ein Mensch, was für eine Unverschämtheit, ihr Richter, was für eine Frechheit! Den Gemeinden entsprechend der Zahl der Soldaten Geldbeträge aufzuerlegen; eine bestimmte Geldsumme, 600 Sesterzen, für die Entlassung der Seeleute festzusetzen! Wer die gezahlt hatte, erhielt Urlaub für den ganzen Sommer; was er für den Sold und das Getreide des betreffenden Matrosen erhalten

batur. Ita quaestus duplex unius missionis fiebat. Atque haec homo amentissimus in tanto praedonum impetu tantoque periculo provinciae sic palam faciebat ut et ipsi praedones scirent et tota provincia testis esset.

(63) Cum propter istius hanc avaritiam nomine classis esset in Sicilia, re quidem vera naves inanes, quae praedam praetori non quae praedonibus metum adferrent, tamen, cum P. Caesetius et P. Tadius decem navibus suis semiplenis navigarent, navem quandam piratarum praeda refertam non ceperunt, sed abduxerunt onere suo plane captam atque depressam. Erat ea navis plena iuventutis formosissimae, plena argenti facti atque signati, multa cum stragula veste. Haec una navis a classe nostra non capta est, sed inventa ad Megaridem, qui locus est non longe a Syracusis. Quod ubi isti nuntiatum est, tametsi in acta cum mulierculis iacebat ebrius, erexit se tamen et statim quaestori legatoque suo custodes misit compluris, ut omnia sibi integra quam primum exhiberentur. (64) Adpellitur navis Syracusas; exspectatur ab omnibus supplicium. Iste quasi praeda sibi advecta, non praedonibus captis, si qui senes ac deformes erant, eos in hostium numero ducit; qui aliquid formae aetatis artificique habebant, abducit omnis, non nullos scribis filio cohortique distribuit, symphoniacos homines sex cuidam amico suo Romam muneri misit. Nox illa tota in exinaniunda nave consumitur. Archipiratam ipsum videt nemo, de quo supplicium sumi oportuit. Hodie omnes sic habent – quid eius sit vos coniectura adsequi debetis – istum clam a piratis ob hunc archipiratam pecuniam accepisse.

hatte, steckte er in die eigene Tasche. So ergab sich ein doppelter Gewinn aus *einer* Entlassung. Und dies tat der wahnsinnige Mensch trotz der schlimmen Überfälle der Seeräuber und trotz der gefährlichen Lage der Provinz so offen, daß selbst die Seeräuber es wußten und die ganze Provinz Zeuge davon war.

(63) Obwohl es wegen dieser Habgier des Verres in Sizilien nur dem Namen nach noch eine Flotte gab, in Wirklichkeit aber nur unbemannte Schiffe, die dem Prätor Gewinn einbrachten, den Seeräubern jedoch keine Furcht einflößten, brachten es P. Caesetius und P. Tadius[67], als sie mit ihren zehn halbbemannten Schiffen in See stachen, gleichwohl fertig, ein mit Beute vollgestopftes Seeräuberschiff zwar nicht zu erobern, so doch wegzuführen, da es durch seine eigene Last völlig festsaß und sich in den Grund gebohrt hatte. Dieses Schiff war voll der schönsten jungen Leute[68], voll verarbeiteten und geprägten Silbers nebst zahlreichen Teppichen. Unsere Flotte hat dies eine Schiff nicht gekapert, sondern bei Megaris gefunden, einem Ort, der nicht weit von Syrakus entfernt ist.[69] Als man dem Verres dies meldete, lag er betrunken mit seinen Weibsbildern am Strand; trotzdem richtete er sich auf und schickte sofort mehrere Wächter zu seinem Quästor und zu seinem Legaten, damit ihm alles möglichst bald unversehrt überbracht werde. (64) Das Schiff landet in Syrakus; jedermann erwartet die Hinrichtung. Doch Verres tat so, als habe man ihm eine Beute zugeführt, nicht Räuber gefangen: diejenigen, die alt und häßlich waren, behandelt er als Feinde[70]; diejenigen aber, die Schönheit, Jugend oder irgendeine Kunstfertigkeit aufwiesen, die läßt er alle abführen; einige verteilte er an seine Schreiber, seinen Sohn und sein Gefolge; sechs Musiker schickte er einem seiner Freunde als Geschenk nach Rom. Die ganze Nacht verwendet man auf die Entladung des Schiffes. Den Piratenkapitän selbst, den man hätte hinrichten müssen, sieht niemand. Heute sind alle davon überzeugt (was daran ist, müßt ihr beurteilen), daß Verres von den Seeräubern für diesen Kapitän insgeheim Geld erhalten hat.

26 (65) 'Coniectura est.' Iudex esse bonus nemo potest qui suspicione certa non movetur. Hominem nostis, consuetudinem omnium tenetis, – qui ducem praedonum aut hostium ceperit, quam libenter eum palam ante oculos omnium esse patiatur. Hominem in tanto conventu Syracusis vidi neminem, iudices, qui archipiratam captum sese vidisse diceret, cum omnes, ut mos est, ut solet fieri, concurrerent, quaererent, videre cuperent. Quid accidit cur tanto opere iste homo occultaretur ut eum ne casu quidem quisquam aspicere posset? Homines maritimi Syracusis, qui saepe istius ducis nomen audissent, saepe timuissent, cum eius cruciatu atque supplicio pascere oculos animumque exsaturare vellent, potestas aspiciendi nemini facta est. (66) Unus pluris praedonum duces vivos cepit P. Servilius quam omnes antea. Ecquando igitur isto fructu quisquam caruit, ut videre piratam captum non liceret? At contra, quacumque iter fecit, hoc iucundissimum spectaculum omnibus vinctorum captorumque hostium praebebat; itaque ei concursus fiebat undique ut non modo ex iis oppidis qua ducebantur sed etiam ex finitimis visendi causa convenirent. Ipse autem triumphus quam ob rem omnium triumphorum gratissimus populo Romano fuit et iucundissimus? Quia nihil est victoria dulcius, nullum est autem testimonium victoriae certius quam, quos saepe metueris, eos te vinctos ad supplicium duci videre. (67) Hoc tu quam ob rem non fecisti? quam ob rem ita pirata iste occultatus est quasi eum aspici nefas esset? quam ob rem supplicium non sumpsisti? quam ob causam hominem reservasti? ecquem scis in Sicilia antea captum archipiratam qui non securi percussus sit? Unum cedo auctorem tui facti,

26 (65) »Das ist eine Vermutung.« Niemand kann ein guter Richter sein, der sich durch einen begründeten Verdacht nicht beeindrucken läßt. Ihr kennt unseren Mann, wißt um den allgemeinen Brauch, wißt, wie gern derjenige, der einen Anführer von Räubern oder Feinden gefangengenommen hat, ihn öffentlich vor aller Augen sehen läßt. Ich habe in Syrakus trotz der vielen Leute, die dort zusammenkommen, keinen Menschen getroffen, ihr Richter, der erklärte, er habe den gefangenen Piratenkapitän gesehen, wo doch alle, wie es üblich ist, wie es zu geschehen pflegt, zusammenliefen, nach ihm fragten, ihn zu sehen wünschten. Wie kam es, daß man den Kerl so sehr versteckt hielt, daß niemand ihn erblicken konnte, auch nicht zufällig? Die Küstenbewohner von Syrakus, die oft den Namen dieses Anführers gehört, sich oft vor ihm gefürchtet hatten, wollten an seinen Martern und seiner Hinrichtung ihre Augen weiden und ihren Groll sättigen, aber niemand erhielt die Erlaubnis, ihn zu sehen. (66) P. Servilius[71] hat allein mehr Räuberhauptleute lebend gefangengenommen als alle Vorgänger zusammen. Hat denn hierbei jemals irgendeiner auf den Genuß verzichten müssen, einen gefangenen Seeräuber sehen zu dürfen? Im Gegenteil, wohin ihn sein Weg auch führte, bot er allen den höchst willkommenen Anblick der gefesselten und gefangenen Feinde. Daher strömten die Leute von überallher bei ihm zusammen, so daß sie nicht nur aus den Städten, durch die diese geführt wurden, sondern auch aus den benachbarten herbeieilten, um sie zu sehen. Doch erst sein Triumphzug, weswegen war er für das römische Volk der willkommenste und erfreulichste von allen Triumphzügen? Weil nichts süßer ist als der Sieg, es aber keinen sicheren Beweis für den Sieg gibt, als *die*, die du oft gefürchtet hast, gefesselt zur Hinrichtung geführt zu sehen. (67) Warum hast du das nicht getan? Warum ist der Seeräuber so versteckt gehalten worden, als ob es ein Frevel sei, ihn zu sehen? Warum hast du ihn nicht hinrichten lassen? Aus welchem Grund hast du den Kerl geschont? Weißt du von irgendeinem früher in Sizilien gefangenen Räuberhauptmann, den man nicht mit dem Beil hingerichtet hätte? Nenne

unius profer exemplum. Vivum tu archipiratam servabas: quo? Per triumphum, credo, quem ante currum tuum duceres; neque enim quicquam erat reliquum nisi uti classe populi Romani pulcherrima amissa provinciaque lacerata triumphus tibi navalis decerneretur.

27 (68) Age porro, custodiri ducem praedonum novo more quam securi feriri omnium exemplo magis placuit. Quae sunt istae custodiae? apud quos homines, quem ad modum est adservatus? Lautumias Syracusanas omnes audistis, plerique nostis. Opus est ingens, magnificum, regum ac tyrannorum; totum est e saxo in mirandam altitudinem depresso et multorum operis penitus exciso; nihil tam clausum ad exitum, nihil tam saeptum undique, nihil tam tutum ad custodiam nec fieri nec cogitari potest. In has lautumias, si qui publice custodiendi sunt, etiam ex ceteris oppidis Siciliae deduci imperantur. (69) Eo quod multos captivos civis Romanos coniecerat, quod eodem ceteros piratas condi imperarat, intellexit, si hunc subditivum archipiratam in eandem custodiam dedisset, fore ut a multis in lautumiis verus ille dux quaereretur. Itaque hominem huic optimae tutissimaeque custodiae non audet committere, denique Syracusas totas timet, amandat hominem – quo? Lilybaeum fortasse? Video; tamen homines maritimos non plane reformidat. Minime, iudices. Panhormum igitur? Audio; quamquam Syracusis, quoniam in Syracusano captus erat, maxime, si minus supplicio adfici, at custodiri oportebat. (70) Ne Pan-

mir doch bitte einen Vorgänger deines Verhaltens, bringe ein einziges Beispiel! Du hieltest den Räuberhauptmann lebend in Gewahrsam – wozu? Wohl, um ihn im Triumphzug vor deinem Wagen herzuführen; denn es blieb nichts mehr übrig, als daß man dir einen Triumph für einen Seesieg bewilligte, nachdem du die schönste Flotte des römischen Volkes verloren und die Provinz ruiniert hattest.

27 (68) Doch weiter! Du fandest es besser, den Anführer der Räuber nach einem neuen Verfahren in Gewahrsam zu halten, als ihn nach allgemeinem Beispiel hinzurichten. Was ist das für ein Gewahrsam? Bei welchen Leuten und wie wurde er in Haft gehalten? Ihr habt alle von den Steinbrüchen bei Syrakus gehört, die meisten von euch kennen sie. Es ist ein gewaltiges, großartiges Werk, ein Werk von Königen und Tyrannen. Das Ganze besteht aus einem Felsen, der in eine erstaunliche Tiefe abfällt und durch vieler Leute Arbeit völlig ausgehauen ist. Nichts, was einen Ausbruch so ausschließt, nichts, was überall so versperrt, nichts, was für eine Haft so sicher wäre, kann man herrichten oder sich ausdenken. In diese Steinbrüche läßt man auch aus den übrigen Städten Siziliens die Leute bringen, die von Staats wegen in Gewahrsam genommen werden sollen. (69) Weil Verres viele festgenommene römische Bürger dort hineingeworfen, weil er befohlen hatte, auch die übrigen Seeräuber dort einzusperren, war er sich im klaren darüber, daß viele in den Steinbrüchen nach dem echten Anführer fragen würden, wenn er den untergeschobenen Räuberhauptmann[72] in dasselbe Gefängnis würfe. Daher wagt er nicht, den Menschen in dieses beste und sicherste Gefängnis zu stecken; und außerdem scheut er sich überhaupt vor Syrakus; er entfernt den Mann – wohin? Vielleicht nach Lilybaeum? Ich sehe, dann schreckt er immerhin vor den Küstenbewohnern nicht ganz und gar zurück. Keineswegs, ihr Richter. Nach Panormos also? Das läßt sich hören, obgleich der Kerl eigentlich in Syrakus, da man ihn ja im syrakusanischen Gebiet gefangengenommen hatte, wenn schon nicht hingerichtet, so doch wenigstens in Haft hätte gehalten werden müssen. (70) Auch nach Panormos nicht.

hormum quidem. Quo igitur? quo putatis? Ad homines a
piratarum metu et suspicione alienissimos, a navigando
rebusque maritimis remotissimos, ad Centuripinos, homines
maxime mediterraneos, summos aratores, qui nomen numquam timuissent maritimi praedonis, unum te praetore hor-
ruissent Apronium, terrestrem archipiratam. Et ut quivis
facile perspiceret id ab isto actum esse ut ille suppositus facile
et libenter se illum qui non erat esse simularet, imperat Centuripinis ut is victu ceterisque rebus quam liberalissime com-
modissimeque adhiberetur.

28 (71) Interea Syracusani, homines periti et humani, qui
non modo ea quae perspicua essent videre verum etiam
occulta suspicari possent, habebant rationem omnium cotidie piratarum qui securi ferirentur; quam multos esse oporteret, ex ipso navigio quod erat captum et ex remorum
numero coniciebant. Iste, quod omnis qui artifici aliquid
habuerant aut formae removerat atque abduxerat, reliquos si,
ut consuetudo est, universos ad palum alligasset, clamorem
populi fore suspicabatur, cum tanto plures abducti essent
quam relicti; propter hanc causam cum instituisset alios alio
tempore producere, tamen in tanto conventu nemo erat quin
rationem numerumque haberet, et reliquos non desideraret
solum sed etiam posceret et flagitaret. (72) Cum magnus
numerus deesset, tum iste homo nefarius in eorum locum
quos domum suam de piratis abduxerat substituere et supponere coepit civis Romanos, quos in carcerem antea coniecerat; quorum alios Sertorianos milites fuisse insimulabat, et ex
Hispania fugientis ad Siciliam adpulsos esse dicebat, alios,
qui a praedonibus erant capti, cum mercaturas facerent aut

Wohin also? Wohin, meint ihr? Zu Leuten, denen die Angst vor und das Mißtrauen gegenüber Seeräubern völlig fremd waren, die der Schiffahrt und dem Seewesen gänzlich fernstanden, zu den Centuripinern, zu Leuten, die am weitesten im Innern des Landes wohnten, die hauptsächlich Ackerbauern waren, die niemals den Namen eines Seeräubers gefürchtet hatten und während deiner Prätur nur vor Apronius zitterten, dem Räuberhauptmann auf dem Lande. Und damit jeder leicht durchschauen konnte, Verres sei es darum gegangen, daß jener Untergeschobene willig und gern vorgebe, er sei derjenige, der er nicht war, befiehlt er den Centuripinern, ihn in der Verpflegung und den übrigen Dingen möglichst großzügig und zuvorkommend zu behandeln.

28 (71) Die Syrakusaner indessen, erfahrene und kluge Leute, die nicht nur das, was offen dalag, zu sehen, sondern auch Verborgenes zu erschließen fähig waren, stellten die Zahl aller Seeräuber fest, die täglich mit dem Beil hingerichtet wurden. Wie viele es sein mußten, erschlossen sie aus dem erbeuteten Schiff selbst und der Zahl der Ruder. Verres hatte alle, die auch nur einige handwerkliche Geschicklichkeit oder Schönheit aufzuweisen hatten, beiseite geschafft und weggebracht; wenn er nun die übrigen, wie es üblich ist, sämtlich an den Pfahl binden ließe, dann, vermutete er, werde das Volk laut aufschreien, da er viel mehr beiseite geschafft als übriggelassen hatte. Deshalb ließ er sie nacheinander zu verschiedenen Zeiten vorführen[73]; trotzdem gab es in dem großen Bezirk niemanden, der nicht eine Rechnung aufmachte und die Zahl wußte und die übrigen nicht nur vermißte, sondern auch forderte und nachdrücklich verlangte. (72) Da eine große Zahl fehlte, begann der verruchte Mensch an die Stelle der Seeräuber, die er in sein Haus beiseite geschafft hatte, römische Bürger zu setzen und unterzuschieben, die er früher ins Gefängnis geworfen hatte. Einige von ihnen beschuldigte er, sie seien Soldaten bei Sertorius gewesen[74] und seien, behauptete er, auf der Flucht aus Spanien in Sizilien gelandet, andere, die von den Seeräubern gefangen worden waren, als sie Handelsgeschäfte trieben oder aus

aliquam ob causam navigarent, sua voluntate cum piratis fuisse arguebat. Itaque alii cives Romani, ne cognoscerentur, capitibus obvolutis e carcere ad palum atque ad necem rapiebantur, alii, cum a multis civibus Romanis cognoscerentur, ab omnibus defenderentur, securi feriebantur. Quorum ego de acerbissima morte crudelissimoque cruciatu dicam cum eum locum tractare coepero, et ita dicam ut, si me in ea querimonia quam sum habiturus de istius crudelitate et de civium Romanorum indignissima morte non modo vires verum etiam vita deficiat, id mihi praeclarum et iucundum putem. (73) Haec igitur est gesta res, haec victoria praeclara: myoparone piratico capto dux liberatus, symphoniaci Romam missi, formosi homines et adulescentes et artifices domum abducti, in eorum locum et ad eorum numerum cives Romani hostilem in modum cruciati et necati, omnis vestis ablata, omne aurum et argentum ablatum et aversum.
29 At quem ad modum ipse se induit priore actione! Qui tot dies tacuisset, repente in M. Anni, hominis splendidissimi, testimonio, – cum is civem Romanum dixisset, archipiratam negasset securi esse percussum, – exsiluit conscientia sceleris et furore ex maleficiis concepto excitatus; dixit se, quod sciret sibi crimini datum iri pecuniam accepisse neque de vero archipirata sumpsisse supplicium, ideo se securi non percussisse; domi esse apud sese archipiratas dixit duos. (74) O clementiam populi Romani seu potius patientiam miram ac singularem! Civem Romanum securi esse percussum M.

irgendeinem anderen Grund zur See fuhren, bezichtigte er, sie hätten es freiwillig mit den Seeräubern gehalten. Und so ließ er einige römische Bürger, damit man sie nicht erkenne, mit verhülltem Haupt aus dem Gefängnis zum Pfahl und zum Tode schleppen, andere, obwohl sie von vielen römischen Bürgern erkannt und von allen verteidigt wurden, mit dem Beil hinrichten. Von ihrem bitteren Tod und ihren grausamen Martern werde ich sprechen, wenn ich mich daran mache, diesen Punkt zu behandeln,[75] und ich werde so sprechen, daß ich es für ehrenvoll und erfreulich halten will, wenn mir bei der Klage, die ich über die Grausamkeit des Verres und den so empörenden Tod römischer Bürger erheben werde, nicht nur die Kräfte, sondern auch das Leben schwinden sollte. (73) Das also ist die Heldentat, das der glänzende Sieg: ein Kaperschiff wurde erbeutet, doch den Anführer hat man freigelassen, die Musiker nach Rom geschickt, die wohlgestalteten jungen Männer und die Handwerker in das Haus des Verres gebracht, an ihrer Stelle und zur Auffüllung ihrer Zahl wurden römische Bürger, als wenn sie Feinde wären, gemartert und getötet, aller Kleiderstoff weggenommen, alles Geld und Silber entwendet und beiseite geschafft.

29 Doch wie hat er selbst sich in der ersten Verhandlung in der Schlinge gefangen! Er hatte so viele Tage geschwiegen; doch bei der Zeugenaussage des M. Annius, eines ausgezeichneten Mannes, der erklärte, es sei wohl ein römischer Bürger, nicht aber der Räuberhauptmann mit dem Beil hingerichtet worden, sprang er plötzlich auf, von dem Bewußtsein seines Verbrechens und von der durch seine Missetaten verursachten Raserei getrieben. Er erklärte: er habe gewußt, daß man ihm vorwerfen werde, Geld erhalten und die Todesstrafe nicht an dem echten Räuberhauptmann vollzogen zu haben; deshalb habe er ihn nicht mit dem Beil hinrichten lassen; bei ihm zu Hause, sagte er, befänden sich sogar zwei Räuberhauptleute. (74) Welche Milde bewies da das römische Volk, oder vielmehr, welche erstaunliche und beispiellose Langmut! Ein römischer Bürger sei mit dem Beil hinge-

Annius, eques Romanus, dicit, taces: archipiratam negat, fateris. Fit gemitus omnium et clamor, cum tamen a praesenti supplicio tuo continuit populus Romanus se et repressit et salutis suae rationem iudicum severitati reservavit. Quid? sciebas tibi crimini datum iri? quam ob rem sciebas, quam ob rem etiam suspicabare? Inimicum habebas neminem; si haberes, tamen non ita vixeras ut metum iudici propositum habere deberes. An te, id quod fieri solet, conscientia timidum suspiciosumque faciebat? Qui igitur, cum esses cum imperio, iam tum crimen et iudicium horrueris, cum tot testibus coarguare potes de damnatione dubitare? (75) Verum si crimen hoc metuebas, ne quis suppositum abs te esse diceret qui pro archipirata securi feriretur, utrum tandem tibi ad defensionem firmius fore putasti, in iudicio coactu atque efflagitatu meo producere ad ignotos tanto post eum quem archipiratam esse diceres, an recenti re, Syracusis, apud notos, inspectante Sicilia paene tota, securi ferire? Vide quid intersit utrum faciendum fuerit: in illo reprehensio nulla esset, hic defensio nulla est. Itaque illud semper omnes fecerunt, hoc quis ante te, quis praeter te, fecerit quaero.
Piratam vivum tenuisti. Quem ad finem? Dum cum imperio fuisti. Quam ob causam, quo exemplo, cur tam diu? cur, inquam, civibus Romanis quos piratae ceperant securi statim percussis, ipsis piratis lucis usuram tam diuturnam dedisti?

richtet worden, erklärt M. Annius, ein römischer Ritter: du schweigst – nicht aber ein Räuberhauptmann, behauptet er: du gibst es zu. Es erhebt sich ein allgemeines Seufzen und Schreien, und dennoch enthielt sich das römische Volk deiner sofortigen Bestrafung und bezähmte sich und stellte die Berücksichtigung seiner Sicherheit der Strenge der Richter anheim. Wie? Du wußtest, daß man diese Beschuldigung gegen dich erheben werde? Weshalb wußtest du es, weshalb konntest du es auch nur vermuten? Du hattest keinen Feind; selbst wenn du einen gehabt hättest, so lebtest du doch nicht so, daß du Furcht vor dem Gericht hättest vor Augen haben müssen.[76] Oder machte dich etwa dein schlechtes Gewissen, wie das so zu geschehen pflegt, furchtsam und argwöhnisch? Kannst du also, der du schon damals, als du noch im Amt warst, vor einer Anklage und einem Prozeß zittertest, jetzt an deiner Verurteilung zweifeln, da so viele Zeugen dich überführen? (75) Doch angenommen, du fürchtetest, es möchte jemand den Vorwurf erheben und erklären, du hättest einen untergeschoben, um ihn an Stelle des Räuberhauptmanns mit dem Beil hinrichten zu lassen – was, meintest du denn, werde zu deiner Rechtfertigung zuverlässiger sein: im Gerichtsverfahren auf meinen Druck und mein Verlangen hin Unkundigen nach so langer Zeit den vorzuführen, der nach deiner Behauptung der Räuberhauptmann sei, oder ihn nach frischer Tat in Syrakus bei Leuten, die ihn kannten, vor den Augen von fast ganz Sizilien mit dem Beil hinzurichten? Siehe, wie wichtig es ist, was du hättest tun sollen: in jenem Fall wäre kein Tadel möglich gewesen, hier aber gibt es keine Rechtfertigung. Daher haben immer alle jenes getan; doch dies, frage ich, wer hat es vor dir, wer außer dir getan?

Einen Seeräuber hast du lebend gefangengehalten. Wie lange? Solange du im Amt warst? Aus welchem Grund, nach welchem Beispiel, warum so lange? Warum, sage ich, hast du die römischen Bürger, die von den Seeräubern gefangengenommen waren, sofort mit dem Beil hingerichtet, den Seeräubern selbst aber so lange den Genuß des Lichtes gegönnt?

(76) Verum esto, sit tibi illud liberum omne tempus quoad cum imperio fuisti: etiamne privatus, etiamne reus, etiamne paene damnatus hostium duces privata in domo retinuisti? Unum, alterum mensem, prope annum denique domi tuae piratae a quo tempore capti sunt, quoad per me licitum est, fuerunt, hoc est quoad per M'. Glabrionem licitum est, qui postulante me produci atque in carcerem condi imperavit. 30 Quod est huiusce rei ius, quae consuetudo, quod exemplum? Hostem acerrimum atque infestissimum populi Romani seu potius communem hostem gentium nationumque omnium quisquam omnium mortalium privatus intra moenia domi suae retinere poterit? (77) Quid? si pridie quam a me tu coactus es confiteri civibus Romanis securi percussis praedonum ducem vivere, habitare apud te, – si, inquam, pridie domo tua profugisset, si aliquam manum contra rem publicam facere potuisset, quid diceres? 'Apud me habitavit, mecum fuit; ego illum ad iudicium meum, quo facilius crimen inimicorum diluere possem, vivum atque incolumem reservavi.' Itane vero? tu tua pericula communi periculo defendes? tu supplicia quae debentur hostibus victis ad tuum, non ad rei publicae tempus conferes? populi Romani hostis privati hominis custodiis adservabitur? At etiam qui triumphant eoque diutius vivos hostium duces reservant, ut his per triumphum ducti pulcherrimum spectaculum fructumque victoriae populus Romanus percipere possit, tamen cum de foro in Capitolium currus flectere incipiunt illos duci in carcerem

(76) Nun gut; das stehe dir frei für die ganze Zeit, da du im Amt warst: hast du auch als Privatmann, auch als Angeklagter, auch als fast schon Verurteilter die Anführer der Feinde in deinem Privathaus zurückgehalten? Ein, zwei Monate, ja fast ein Jahr befanden sich die Seeräuber, seitdem man sie gefangen hatte, in deinem Haus, solange ich es erlaubte, das heißt, solange M'. Glabrio[77] es erlaubte, der sie auf mein Verlangen vorführen und ins Gefängnis werfen ließ. **30** Welche rechtliche Befugnis gibt es für ein solches Verhalten, welches Herkommen, welches Beispiel? Den schärfsten und erbittertsten Feind des römischen Volkes oder vielmehr den gemeinsamen Feind aller Stämme und Völkerschaften sollte irgendein Sterblicher, wo auch immer in aller Welt, als Privatmann innerhalb der Wände seines Hauses zurückhalten dürfen? (77) Wie? Wenn er am Tag, bevor ich dich zu dem Eingeständnis zwang, der Räuberhauptmann lebe, während du römische Bürger mit dem Beil hingerichtet hattest, und er wohne bei dir, wenn er, sage ich, am Tag zuvor aus deinem Haus geflüchtet wäre, wenn er eine Bande gegen den Staat hätte zusammenbringen können, was würdest du dann sagen? »Er hat bei mir gewohnt, er hatte Umgang mit mir; ich habe ihn lebend und unversehrt für meinen Prozeß aufbewahrt, um desto leichter die Anschuldigung meiner Gegner entkräften zu können.« Wirklich? Du willst deine eigene Gefährdung durch eine allgemeine Gefahr abwenden? Du willst die Strafen, die den besiegten Feinden gebühren, auf einen Zeitpunkt verlegen, der für dich, nicht aber für den Staat richtig ist? Ein Feind des römischen Volkes soll im Gewahrsam eines Privatmannes gehalten werden? Doch selbst diejenigen, die einen Triumph feiern und die feindlichen Anführer nur deshalb länger am Leben lassen, damit das römische Volk, wenn diese im Triumphzug mitgeführt werden, das wunderschöne Schauspiel und die Frucht des Sieges genießen kann, lassen doch, sobald sie im Begriff sind, ihren Wagen vom Forum auf das Kapitol zu lenken, jene Leute ins Gefängnis bringen, und derselbe Tag macht dem

iubent, idemque dies et victoribus imperi et victis vitae finem facit.

(78) Et nunc cuiquam credo esse dubium quin tu id commissurus non fueris, – praesertim cum statuisses, ut ais, tibi causam esse dicendam, – ut ille archipirata non potius securi feriretur quam, quod erat ante oculos positum, tuo periculo viveret! Si enim esset mortuus, tu, qui crimen ais te metuisse, quaero, cui probares? Cum constaret istum Syracusis a nullo visum esse archipiratam, ab omnibus desideratum, cum dubitaret nemo quin abs te pecunia liberatus esset, cum vulgo loquerentur suppositum in eius locum quem pro illo probare velles, cum tu te fassus esses id crimen tanto ante metuisse: si eum diceres esse mortuum, quis te audiret? (79) Nunc cum vivum nescio quem istum producis, tamen te derideri vides. Quid? si aufugisset, si vincla rupisset ita ut Nico, ille nobilissimus pirata, fecit, quem P. Servilius qua felicitate ceperat eadem recuperavit, quid diceres? Verum hoc erat: si ille semel verus pirata securi percussus esset, pecuniam illam non haberes; si hic falsus esset mortuus aut profugisset, non esset difficile alium in suppositi locum supponere. Plura dixi quam volui de illo archipirata, et tamen ea quae certissima sunt huius criminis argumenta praetermisi. Volo enim esse totum mihi crimen hoc integrum: est certus locus, certa lex, certum tribunal quo hoc reservetur.

31 (80) Hac tanta praeda auctus, mancipiis argento veste locupletatus, nihilo diligentior ad classem ornandam milites

Oberbefehl der Sieger und dem Leben der Besiegten ein
Ende.

(78) Und jetzt ist wohl noch jemandem zweifelhaft (zumal
du, wie du sagst, überzeugt warst, daß du dich vor Gericht
verantworten müßtest), daß du dich nicht darauf eingelassen
hättest,[78] den Räuberhauptmann nicht mit dem Beil hinzurichten als ihn vielmehr, was doch vor aller Augen lag, auf
deine Gefahr hin leben zu lassen. Denn wenn er gestorben
wäre, wem, frage ich, hättest du, der du, wie du sagst, eine
Anklage befürchtet hast, dies glaubhaft machen können? Da
bekanntlich niemand in Syrakus den Räuberhauptmann gesehen und alle ihn vermißt hatten, da niemand daran zwei-
felte, daß du ihn für Geld freigelassen hattest, da man allgemein davon sprach, du habest an seiner Statt jemanden untergeschoben, den du für ihn ausgeben wolltest, da du zugabst,
daß du diesen Vorwurf schon lange vorher befürchtet habest:
wenn du dann erklärt hättest, er sei gestorben, wer hätte dir
das abgenommen? (79) Wenn du jetzt ich weiß nicht wen
lebend vorführst, wirst du gleichwohl, wie du siehst, ausgelacht. Wie? Wenn er geflohen wäre, wenn er die Fesseln zer-
brochen hätte, so wie es der berüchtigte Seeräuber Nikon tat,
den P. Servilius[79] mit ebensoviel Glück, wie er ihn gefangengenommen hatte, wieder einfing, was hättest du dann gesagt?
Aber in Wirklichkeit war es so: wenn du einmal den echten
Seeräuber mit dem Beil hingerichtet hättest, dann würdest
du das Geld nicht haben; wenn jedoch der falsche gestorben
oder entflohen wäre, so wäre es nicht schwierig, an die Stelle
des Untergeschobenen einen anderen unterzuschieben. Ich
habe länger, als ich wollte, über den Räuberhauptmann
gesprochen, und doch habe ich die eindeutigsten Beweise für
dieses Verbrechen beiseite gelassen. Ich will mir nämlich bei
diesem Anklagepunkt völlig freie Hand lassen; es gibt eine
bestimmte Stelle, ein bestimmtes Gesetz, einen bestimmten
Gerichtshof, wofür ich ihn aufsparen möchte.[80]

31 (80) Mit dieser großen Beute beglückt, mit Sklaven, Silber
und Kleiderstoffen reichlich ausgestattet, machte er gleichwohl keine Miene, bei der Ausrüstung der Flotte, bei der

revocandos alendosque esse coepit, cum ea res non solum provinciae saluti verum etiam ipsi praedae posset esse. Nam aestate summa, quo tempore ceteri praetores obire provinciam et concursare consuerunt aut etiam in tanto praedonum metu et periculo ipsi navigare, eo tempore ad luxuriem libidinesque suas domo sua regia contentus non fuit; tabernacula, quem ad modum consuerat temporibus aestivis, quod antea demonstravi, carbaseis intenta velis conlocari iussit in litore, quod est litus in Insula Syracusis post Arethusae fontem propter ipsum introitum atque ostium portus amoeno sane et ab arbitris remoto loco. (81) Hic dies aestivos praetor populi Romani, custos defensorque provinciae, sic vixit ut muliebria cotidie convivia essent, vir accumberet nemo praeter ipsum et praetextatum filium – etsi recte sine exceptione dixeram virum, cum isti essent, neminem fuisse. Non numquam etiam libertus Timarchides adhibebatur, mulieres autem nuptae nobiles praeter unam mimi Isidori filiam, quam iste propter amorem ab Rhodio tibicine abduxerat. *Erat* Pipa quaedam, uxor Aeschrionis Syracusani, de qua muliere plurimi versus qui in istius cupiditatem facti sunt tota Sicilia percelebrantur; (82) erat Nice, facie eximia, ut praedicatur, uxor Cleomeni Syracusani. Hanc vir amabat, verum tamen huius libidini adversari nec poterat nec audebat, et simul ab isto donis beneficiisque multis devinciebatur. Illo autem tempore iste, tametsi ea est hominis impudentia quam nostis, ipse tamen cum vir esset Syracusis, uxorem eius parum poterat

erneuten Einberufung und Verpflegung der Soldaten mehr Sorgfalt aufzuwenden, obwohl dies nicht nur zum Wohle der Provinz, sondern auch zur eigenen Bereicherung hätte dienen können. Denn im Hochsommer, zu einer Zeit, da die übrigen Prätoren die Provinz zu besuchen und dort herumzureisen oder auch, trotz einer so furchterregenden Räubergefahr, selbst mit dem Schiff zu fahren pflegen, in dieser Zeit war er für die Befriedigung seiner Genußsucht und Ausschweifungen nicht mit seinem Königspalast zufrieden; er ließ, wie gewöhnlich zur Sommerszeit (ich habe das schon früher erwähnt)[81], mit leinernen Segeln bespannte Zelte am Strand aufstellen; dieser Strand befindet sich auf der Insel von Syrakus hinter der Quelle Arethusa, unmittelbar neben der Einfahrt und Mündung des Hafens,[82] an einer ganz lieblichen und vor Beobachtern geschützten Stelle. (81) Hier verlebte der Prätor des römischen Volkes, der Schirmherr und Verteidiger der Provinz, die Sommertage so, daß täglich Gelage mit Frauenzimmern stattfanden, an denen kein Mann außer ihm selbst und seinem noch nicht erwachsenen Sohn[83] teilnahm – indes hätte ich allemal richtiger gesagt, es sei, obwohl diese dabei waren, kein Mann zugegen gewesen. Bisweilen wurde auch der Freigelassene Timarchides hinzugezogen; die Frauen aber waren verheiratet und von vornehmem Stande außer einer, der Tochter des Schauspielers Isidoros, die Verres aus Liebe dem Rhodischen Flötenspieler entführt hatte.[84] Unter ihnen war eine gewisse Pipa, die Ehefrau des Syrakusaners Aischrion, eine Frau, über die sehr viele Verse, die über die Leidenschaft des Verres verfaßt wurden, in ganz Sizilien im Umlauf sind;[85] (82) dabei war auch Nike, eine ausnehmende Schönheit, wie man allgemein rühmt, die Frau des Syrakusaners Kleomenes[86]. Ihr Mann liebte sie zwar, doch der leidenschaftlichen Begierde des Verres sich zu widersetzen hatte er weder die Macht noch den Mut, und zugleich war er ihm wegen vieler Geschenke und Vergünstigungen verpflichtet. Doch konnte Verres um jene Zeit, trotz seiner Unverschämtheit, die ihr kennt, da ihr Mann sich ebenfalls in Syrakus befand, dessen Frau nicht ganz unge-

animo soluto ac libero tot in acta dies secum habere. Itaque excogitat rem singularem; navis quibus legatus praefuerat Cleomeni tradit, classi populi Romani Cleomenem Syracusanum praeesse iubet atque imperare. Hoc eo facit ut ille non solum abesset a domo dum navigaret, sed etiam libenter cum magno honore beneficioque abesset, ipse autem remoto atque ablegato viro non liberius quam antea – quis enim umquam istius libidini obstitit? – sed paulo solutiore animo tamen secum illam haberet, si non tamquam virum sed tamquam aemulum removisset.

(83) Accipit navis sociorum atque amicorum Cleomenes Syracusanus. **32** Quid primum aut accusem aut querar? Siculone homini legati, quaestoris, praetoris denique potestatem, honorem, auctoritatem dari? Si te impediebat ista conviviorum mulierumque occupatio, ubi quaestores, ubi legati, ubi ternis denariis aestimatum frumentum, ubi muli, ubi tabernacula, ubi tot tantaque ornamenta magistratibus et legatis a senatu populoque Romano permissa et data, denique ubi praefecti, ubi tribuni tui? Si civis Romanus dignus isto negotio nemo fuit, quid civitates quae in amicitia fideque populi Romani perpetuo manserant? ubi Segestana, ubi Centuripina civitas? quae cum officiis fide vetustate, tum etiam cognatione populi Romani nomen attingunt. (84) O di immortales! quid? si harum ipsarum civitatum militibus, navibus, nauarchis Syracusanus Cleomenes iussus est imperare, non omnis honos ab isto dignitatis, aequitatis, officique sublatus

niert und ohne Hemmnisse so viele Tage am Strand bei sich haben. Daher denkt er sich etwas Einmaliges aus: die Schiffe, die ein Legat befehligt hatte, übergibt er dem Syrakusaner Kleomenes; er heißt den Syrakusaner Kleomenes, die Leitung und den Oberbefehl über eine Flotte des römischen Volkes zu übernehmen. Er tat das in der Absicht, daß der Mann nicht nur, während er sich bei der Flotte befand, von Hause abwesend, sondern auch wegen der großen Ehre und Auszeichnung gern abwesend war; er selbst aber nach Entfernung und Abordnung des Mannes nicht freier als zuvor (denn wer hätte sich jemals seinem Gelüste entgegengestellt?), sondern etwas ungenierter die Frau bei sich habe, wenn er mit Kleomenes nicht so sehr den Ehemann wie den Nebenbuhler entfernt hätte.

(83) Der Syrakusaner Kleomenes erhält die Schiffe der Bundesgenossen und Freunde. **32** Worüber soll ich zuerst Klage erheben oder mich beschweren? Daß einem Sizilier die Amtsgewalt, die Ehre, das Ansehen eines Legaten, eines Quästors, ja eines Prätors verliehen wurde? Wenn dich deine Beschäftigung mit Gelagen und Weibern hinderte: wo blieben die Quästoren, wo die Legaten, wo das für drei Denare veranschlagte Getreide[87], wo die Maultiere, wo die Zelte, wo die vielen und großen Ausrüstungsgegenstände, die der Senat und das römische Volk den Beamten und Legaten bewilligen und überlassen, wo blieben endlich deine Präfekten, wo deine Tribunen[88]? Wenn kein römischer Bürger dieser Aufgabe würdig war: wie stand es mit den Gemeinden, die stets an der Freundschaft und Treue zum römischen Volk festgehalten hatten? Wo war die Gemeinde Segesta, wo Centuripae[89]? Diese sind nicht nur durch ihre Dienste, ihre Treue und ihr Alter, sondern auch durch Verwandtschaft mit dem Namen des römischen Volkes verbunden.[90] (84) Ihr unsterblichen Götter! Wie? Wenn der Syrakusaner Kleomenes angewiesen wurde, den Oberbefehl über die Soldaten, die Schiffe, die Schiffskommandanten eben dieser Gemeinden zu übernehmen, hat Verres es dann nicht an jeder Achtung gegenüber dem Ansehen, der Gerechtigkeit und dem Pflichtgefühl

est? Ecquod in Sicilia bellum gessimus quin Centuripinis sociis, Syracusanis hostibus uteremur? Atque haec ego ad memoriam vetustatis, non ad contumeliam civitatis referri volo. Itaque ille vir clarissimus summusque imperator, M. Marcellus, cuius virtute captae, misericordia conservatae sunt Syracusae, habitare in ea parte urbis quae in Insula est Syracusanum neminem voluit; hodie, inquam, Syracusanum in ea parte habitare non licet; est enim locus quem vel pauci possent defendere. Committere igitur eum non fidelissimis hominibus noluit, simul quod ab illa parte urbis navibus aditus ex alto est; quam ob rem qui nostros exercitus saepe excluserant, iis claustra loci committenda non existimavit. (85) Vide quid intersit inter tuam libidinem maiorumque auctoritatem, inter amorem furoremque tuum et illorum consilium atque prudentiam. Illi aditum litoris Syracusanis ademerunt, tu imperium maritimum concessisti; illi habitare in eo loco Syracusanum, qua naves accedere possent, noluerunt, tu classi et navibus Syracusanum praeesse voluisti; quibus illi urbis suae partem ademerunt, iis tu nostri imperi partem dedisti, et quorum sociorum opera Syracusani nobis dicto audientes sunt, eos Syracusano dicto audientis esse iussisti.

33 (86) Egreditur in Centuripina quadriremi Cleomenes e portu; sequitur Segestana navis, Tyndaritana, Herbitensis, Heracliensis, Apolloniensis, Haluntina, praeclara classis in speciem, sed inops et infirma propter dimissionem propugnatorum atque remigum. Tam diu in imperio suo classem iste praetor diligens vidit quam diu convivium eius flagitiosissimum praetervecta est; ipse autem, qui visus multis diebus

fehlen lassen? Haben wir je einen Krieg in Sizilien geführt, ohne die Centuripiner zu Bundesgenossen, die Syrakusaner zu Feinden zu haben? Übrigens möchte ich diese Bemerkung nur als Erinnerung an die frühere Zeit, nicht als Kränkung der Gemeinde verstanden wissen. Daher wünschte der hochberühmte Mann und große Feldherr M. Marcellus, durch dessen Tüchtigkeit Syrakus erobert, durch dessen Mitleid es erhalten wurde,[91] daß in dem Stadtteil, der auf der Insel liegt, kein Syrakusaner wohnen dürfe; heute noch, wiederhole ich, darf ein Syrakusaner dort nicht wohnen; es ist nämlich ein Platz, den schon wenige verteidigen können. Er wollte ihn daher Menschen, die nicht die zuverlässigsten sind, nicht anvertrauen, zugleich auch, weil an dieser Stelle der Stadt der Landungsplatz für die von der See kommenden Schiffe ist. Deshalb glaubte er, Leuten, die unsere Heere oft ausgesperrt hatten, den Sperriegel des Ortes nicht anvertrauen zu dürfen. (85) Siehe, was für ein Unterschied besteht zwischen deiner Willkür und dem vernünftigen Beschluß der Vorfahren, zwischen deiner Liebesraserei und ihren klugen Maßnahmen. Sie haben den Syrakusanern den Zugang zur Küste genommen, du hast ihnen den Oberbefehl zur See zugestanden; sie wollten nicht, daß dort ein Syrakusaner wohne, wo Schiffe anlegen könnten, du wünschtest, daß ein Syrakusaner Oberbefehlshaber der Flotte und der Schiffe sei; den Leuten, denen sie einen Teil ihrer Stadt nahmen, hast du einen Teil unserer Staatsgewalt überlassen, und den Bundesgenossen, durch deren Unterstützung die Syrakusaner uns gehorsam sind, hast du befohlen, einem Syrakusaner gehorsam zu sein.

33 (86) Kleomenes läuft auf einem centuripinischen Vierruderer aus dem Hafen aus; es folgt je ein Schiff aus Segesta, Tyndaris, Herbita, Herakleia, Apollonia, Haluntion[92] – eine herrliche Flotte dem Anschein nach, doch ohnmächtig und schwach wegen der Beurlaubung von Soldaten und Ruderern. So lange sah unser gewissenhafter Prätor die Flotte während seiner Amtszeit, wie sie an dem schändlichen Zechgelage vorüberfuhr; er selbst, den man viele Tage nicht gese-

non esset, tum se tamen in conspectum nautis paulisper
dedit. Stetit soleatus praetor populi Romani cum pallio purpureo tunicaque talari muliercula nixus in litore. Iam hoc
istum vestitu Siculi civesque Romani permulti saepe vide-
rant. (87) Posteaquam paulum provecta classis est et Pachy-
num quinto die denique adpulsa, nautae coacti fame radices
palmarum agrestium, quarum erat in illis locis, sicuti in
magna parte Siciliae, multitudo, colligebant et iis miseri per-
ditique alebantur; Cleomenes autem, qui alterum se Verrem
cum luxurie ac nequitia tum etiam imperio putaret, similiter
totos dies in litore tabernaculo posito perpotabat. **34** Ecce
autem repente ebrio Cleomene esurientibus ceteris nuntiatur
piratarum esse navis in portu Odysseae; nam ita is locus
nominatur; nostra autem classis erat in portu Pachyni. Cleomenes autem, quod erat terrestre praesidium non re sed
nomine, speravit iis militibus quos ex eo loco deduxisset
explere se numerum nautarum et remigum posse. Reperta est
eadem istius hominis avarissimi ratio in praesidiis quae
in classibus; nam erant perpauci reliqui, ceteri dimissi.
(88) Princeps Cleomenes in quadriremi Centuripina malum
erigi, vela fieri, praecidi ancoras imperavit, et simul ut se
ceteri sequerentur signum dari iussit. Haec Centuripina
navis erat incredibili celeritate velis; nam scire isto praetore
nemo poterat quid quaeque navis remis facere posset; etsi in
hac quadriremi propter honorem et gratiam Cleomenis
minime multi remiges et milites deerant. Evolarat iam e conspectu fere fugiens quadriremis, cum etiam tum ceterae naves

hen hatte, zeigte sich damals doch kurze Zeit den Blicken der
Seeleute. Da stand der Prätor des römischen Volkes am
Strand, in Sandalen, mit einem Purpurumhang und einer bis
an die Knöchel reichenden Tunika bekleidet,[93] gestützt auf
ein Frauenzimmer. Schon oft hatten ihn sehr viele Sizilier
und römische Bürger in dieser Kleidung gesehen. (87) Nachdem die Flotte etwas weitergefahren und endlich am fünften
Tag an Pachnos[94] gelandet war, sammelten die Seeleute, von
Hunger getrieben, die Wurzeln wilder Palmen, von denen es
in jener Gegend wie in einem großen Teile Siziliens eine
Menge gab, und damit ernährten sich die Unglücklichen und
im Stich Gelassenen. Kleomenes aber, der sich wegen seiner
Genußsucht und Leichtsinnigkeit und überdies mit seinem
Oberbefehl für einen zweiten Verres hielt, verbrachte auf
ähnliche Weise in einem am Strande aufgeschlagenen Zelt
ganze Tage mit Trinken. 34 Doch siehe da, während Kleomenes trunken war und die übrigen Hunger litten, wird plötzlich gemeldet, Seeräuberschiffe lägen im Hafen bei Odysseia
(denn so heißt diese Gegend)[95]; unsere Flotte aber geland
sich im Hafen am Parhynos. Weil sich hier nicht wirklich,
aber angeblich ein Landstützpunkt befand, hoffte Kleomenes, mit den Soldaten, die er von dort abzöge, die Zahl seiner
Seeleute und Ruderer auffüllen zu können. Doch es stellte
sich heraus, daß der habgierige Verres bei den Besatzungssol-
daten dieselbe Methode angewandt hatte wie bei den Flotten; denn nur sehr wenige Soldaten waren noch da, die übrigen beurlaubt. (88) Kleomenes befahl als erster, auf dem centuripinischen Vierruderer den Mast aufzurichten, die Segel
zu hissen, die Ankertaue zu kappen, und zugleich ließ er den
übrigen das Zeichen geben, ihm zu folgen. Das centuripini-
sche Schiff war wegen der Segel von unglaublicher Schnelligkeit; denn niemand konnte während der Prätur des Verres
wissen, was jedes Schiff mit Rudern zu leisten imstande war;
allerdings fehlten auf diesem Vierruderer wegen des Ranges
und des Ansehens des Kleomenes nur sehr wenige Ruderer
und Soldaten. Der enteilende Vierruderer war schon fast aus
der Sichtweite verschwunden, als sich die übrigen Schiffe

uno in loco moliebantur. (89) Erat animus in reliquis; quamquam erant pauci, quoquo modo res se habebat, pugnare tamen se velle clamabant, et quod reliquum vitae viriumque fames fecerat id ferro potissimum reddere volebant. Quodsi Cleomenes non tanto ante fugisset, aliqua tamen ad resistendum ratio fuisset. Erat enim sola illa navis constrata et ita magna ut propugnaculo ceteris posset esse, quae si in praedonum pugna versaretur, urbis instar habere inter illos piraticos myoparones videretur; sed tum inopes, relicti ab duce praefectoque classis, eundem necessario cursum tenere coeperunt. (90) Helorum versus, ut ipse Cleomenes, ita ceteri navigabant, neque ii tam praedonum impetum fugiebant quam imperatorem sequebantur. Tum ut quisque in fuga postremus, ita in periculo princeps erat; postremam enim quamque navem piratae primam adoriebantur. Ita prima Haluntinorum navis capitur, cui praeerat Haluntinus homo nobilis, Phylarchus, quem ab illis praedonibus Locrenses postea publice redemerunt; ex quo vos priore actione iurato rem omnem causamque cognostis. Deinde Apolloniensis navis capitur, et eius praefectus Anthropinus occiditur. **35** (91) Haec dum aguntur, interea Cleomenes iam ad Helori litus pervenerat; iam sese in terram e navi eiecerat quadrirememque fluctuantem in salo reliquerat. Reliqui praefecti navium, cum in terram imperator exisset, cum ipsi neque repugnare neque mari effugere ullo modo possent, adpulsis ad Helorum navibus Cleomenem persecuti sunt. Tum praedonum dux Heracleo, repente praeter spem non sua virtute

immer noch an derselben Stelle abmühten. (89) Die Zurück-
gebliebenen hatten Mut; obwohl sie nur wenige waren, und
wie ihre Lage auch war, sie riefen trotzdem, sie seien willens
zu kämpfen, und was ihnen der Hunger an Lebenskräften
gelassen hatte, das wollten sie am liebsten dem Schwert
zukommen lassen. Wenn nun Kleomenes sich nicht so früh
davongemacht hätte, dann hätte es wohl noch eine Möglichkeit zum Widerstand gegeben. Denn nur sein Schiff war mit
einem Verdeck versehen und war so groß, daß es den anderen
Schutz bieten konnte, und wenn es sich auf einen Kampf mit
den Räubern eingelassen hätte, dann würde es unter den
Kaperschiffen das Aussehen einer befestigten Stadt gehabt
haben. Doch nunmehr begannen die anderen, hilflos und
vom Führer und Befehlshaber der Flotte im Stich gelassen,
notgedrungen denselben Kurs zu nehmen. (90) Auf Heloros[76] zu fuhren, wie Kleomenes selbst, so auch die übrigen,
aber sie versuchten nicht so sehr dem Angriff der Räuber zu
entfliehen, als vielmehr ihrem Befehlshaber zu folgen. Da
war nun jeweils der letzte auf der Flucht der Gefahr am nächsten; die Seeräuber griffen nämlich immer das letzte Schiff
zuerst an. So wird zuerst das Schiff von Haluntion gekapert,
das der angesehene Haluntiner Phylarchos befehligte; ihn
haben später die Lokrer[97] auf öffentliche Kosten von den
Räubern freigekauft. Durch seine eidliche Aussage habt
ihr in der ersten Verhandlung den ganzen Hergang der
Sache kennengelernt. Darauf wird das Schiff aus Apollonia
gekapert und dessen Befehlshaber Anthropinos getötet.
35 (91) Während dies geschah, war Kleomenes bereits an die
Küste von Heloros gelangt; er hatte sich schon eilig vom
Schiff an Land begeben und den Vierruderer in der Bran-
dung schaukelnd zurückgelassen. Die übrigen Schiffskommandanten landeten, da der Oberbefehlshaber an Land
gegangen war, da sie selbst keinen Widerstand leisten noch
auf irgendeine Weise auf dem Meer entfliehen konnten, auch
bei Heloros und folgten dem Kleomenes. Da ließ der Anführer der Räuber, Herakleon, unversehens und wider Erwarten, nicht durch eigene Tapferkeit, sondern infolge der Hab-

sed istius avaritia nequitiaque victor, classem pulcherrimam populi Romani in litus expulsam et eiectam, cum primum invesperasceret, inflammari incendique iussit.

(92) O tempus miserum atque acerbum provinciae Siciliae! o casum illum multis innocentibus calamitosum atque funestum! o istius nequitiam ac turpitudinem singularem! Una atque eadem nox erat qua praetor amoris turpissimi flamma, classis populi Romani praedonum incendio conflagrabat. Adfertur nocte intempesta gravis huiusce mali nuntius Syracusas; curritur ad praetorium, quo istum ex illo praeclaro convivio reduxerant paulo ante mulieres cum cantu atque symphonia. Cleomenes, quamquam nox erat, tamen in publico esse non audet; includit se domi; neque aderat uxor, quae consolari hominem in malis posset. (93) Huius autem praeclari imperatoris ita erat severa domi disciplina ut in re tanta et tam gravi nuntio nemo admitteretur, nemo esset qui auderet aut dormientem excitare aut interpellare vigilantem. Iam vero re ab omnibus cognita concursabat urbe tota maxima multitudo. Non enim, sicut erat antea semper consuetudo, praedonum adventum significabat ignis e specula sublatus aut tumulo, sed flamma ex ipso incendio navium et calamitatem acceptam et periculum reliquum nuntiabat. 36 Cum praetor quaereretur et constaret neminem ei nuntiasse, fit ad domum eius cum clamore concursus atque impetus. (94) Tum iste excitatus audit rem omnem ex Timarchide, sagum sumit, – lucebat iam fere, – procedit in medium vini somni stupri plenus. Excipitur ab omnibus eius modi cla-

gier und Nichtsnutzigkeit des Verres Sieger, die herrliche Flotte des römischen Volkes, die an die Küste vertrieben und verschlagen war, als es bereits Abend wurde, in Brand stekken und verbrennen.

(92) Was für eine erbärmliche und bittere Zeit für die Provinz Sizilien! Was für ein elender und unheilvoller Unglücksfall für viele Unschuldige! Was für eine beispiellose Nichtswürdigkeit und Schändlichkeit des Verres! Es war ein und dieselbe Nacht, in welcher der Prätor von den Flammen der schändlichsten Liebe und die Flotte des römischen Volkes von dem Feuer, das die Räuber anzündeten, lichterloh brannten. In tiefer Nacht gelangt die Nachricht von dem schlimmen Unglück nach Syrakus; man eilt zum Palast des Prätors, wohin ihn kurz zuvor die Frauenzimmer unter Gesang und Musik von seinem prächtigen Trinkgelage zurückgebracht hatten. Kleomenes freilich wagt es nicht, obwohl es Nacht war, sich in der Öffentlichkeit zu zeigen; er schließt sich in seinem Hause ein; und nicht einmal seine Frau war da, die ihn in seinem Unglück hätte trösten können. (93) Aber im Hause unseres berühmten Feldherrn herrschte eine so strenge Disziplin, daß trotz einer so wichtigen Angelegenheit und einer so schlimmen Nachricht niemand vorgelassen wurde, niemand es wagte, den Schlafenden zu wecken oder den Wachenden zu stören. Als nun aber das Geschehen allgemein bekannt geworden war, strömte in der ganzen Stadt eine gewaltige Menge zusammen. Denn nicht ein auf einem Beobachtungsturm oder einem Hügel entzündetes Feuer zeigte, wie es früher stets üblich war, das Nahen der Räuber an, sondern der Feuerschein von dem Schiffsbrande selbst verkündete die erlittene Schlappe und die bevorstehende Gefahr. 36 Als man nach dem Prätor fragte und allgemein bekannt wurde, daß niemand ihn benachrichtigt habe, da kommt es vor seinem Haus unter lautem Schreien zu einem stürmischen Auflauf. (94) Da endlich wacht er auf; er erfährt die ganze Sache von Timarchides; er legt den Soldatenmantel an. Es war schon fast hell; da tritt er vor die Menge, von Wein, Schlaf und Hurerei noch benommen. Er wird von

more ut ei Lampsaceni periculi similitudo versaretur ante oculos; hoc etiam maius hoc videbatur, quod in odio simili multitudo hominum haec erat maxima. Tum istius actae commemorabantur, tum flagitiosa illa convivia, tum appellabantur a multitudine mulieres nominatim, tum quaerebant ex isto palam tot dies continuos per quos numquam visus esset ubi fuisset, quid egisset, tum imperator ab isto praepositus Cleomenes flagitabatur, neque quicquam propius est factum quam ut illud Uticense exemplum de Hadriano transferretur Syracusas, ut duo sepulchra duorum praetorum improborum duabus in provinciis constituerentur. Verum habita est a multitudine ratio temporis, habita tumultus, habita etiam dignitatis existimationisque communis, quod is est conventus Syracusis civium Romanorum ut non modo illa provincia, verum etiam hac re publica dignissimus existimetur. (95) Confirmant ipsi se, cum hic etiam tum semisomnus stuperet, arma capiunt, totum forum atque Insulam, quae est urbis magna pars, complent.

Unam illam noctem solam praedones ad Helorum commorati, cum fumantis etiam nostras navis reliquissent, accedere incipiunt Syracusas; qui videlicet saepe audissent nihil esse pulchrius quam Syracusarum moenia ac portus, statuerant se, si ea Verre praetore non vidissent, numquam esse visuros. 37 (96) Ac primo ad illa aestiva praetoris accedunt, ipsam illam ad partem litoris ubi iste per eos dies tabernaculis positis castra luxuriae conlocarat. Quem posteaquam inanem locum offenderunt et praetorem commosse ex eo loco castra senserunt, statim sine ullo metu in ipsum portum penetrare coeperunt. Cum in portum dico, iudices, – explanandum est

allen mit einem solchen Geschrei empfangen, daß ihm eine ähnliche Gefahr wie in Lampsakos[98] vor Augen schwebte. Die jetzige erschien ihm noch um so viel größer, weil sei gleichem Haß die Menschenmenge hier sehr groß war. Jetzt erinnerte man an sein Treiben am Strande, jetzt an seine schändlichen Zechgelage; jetzt rief die Menge die Frauen mit Namen, jetzt fragte man ihn öffentlich, wo er so viele Tage nacheinander, während der er sich niemals habe sehen lassen, gewesen sei und was er getrieben habe; jetzt forderte man von ihm die Auslieferung des von ihm eingesetzten Befehlshabers Kleomenes, und nichts lag näher, als daß sich das in Utica an Hadrianus[99] aufgestellte Beispiel in Syrakus wiederholte, so daß in zwei Provinzen zwei Grabmäler für zwei gewissenlose Prätoren errichtet wurden. Aber die Menge nahm Rücksicht auf die Lage, Rücksicht auf die drohende Gefahr, Rücksicht auch auf ihr Ansehen und den allgemeinen Ruf, weil die Vereinigung der römischen Bürger[100] in Syrakus so ist, daß sie nicht nur in dieser Provinz, sondern auch in unserem Staate besonders hohes Ansehen genießt. (95) Sie machen sich selbst Mut, während Verres immer noch schlaftrunken wie betäubt dastand; sie greifen zu den Waffen, sie besetzen den ganzen Markt und die Insel, die einen großen Teil der Stadt ausmacht.

Die Räuber hielten sich nur diese eine Nacht bei Heloros auf; sie ließen unsere noch rauchenden Schiffe zurück und schicken sich an, auf Syrakus loszusteuern. Sie hatten nämlich oft gehört, daß nichts schöner sei als die Bauwerke und der Hafen von Syrakus, und sie waren überzeugt, wenn sie diese während der Prätur des Verres nicht sähen, dann würden sie sie nie zu sehen bekommen. 37 (96) Und zuerst nähern sich dem Sommerlager des Prätors, eben dem Teil des Strandes, wo Verres während dieser Tage seine Zelte aufgeschlagen und ein Vergnügungslager eingerichtet hatte. Als sie diesen Platz leer vorfanden und merkten, daß der Prätor von dort abgerückt sei, da schickten sie sich an, sogleich ohne die geringste Furcht in den Hafen selbst einzudringen. Wenn ich sage, in den Hafen, ihr Richter (denn ich muß die Sache derer

enim diligentius eorum causa qui locum ignorant, – in urbem dico atque in urbis intimam partem venisse piratas; non enim portu illud oppidum clauditur, sed urbe portus ipse cingitur et continetur, ut non adluantur mari moenia extrema, sed ipse influat in urbis sinum portus. (97) Hic te praetore Heracleo pirata cum quattuor myoparonibus parvis ad arbitrium suum navigavit. Pro di immortales! piraticus myoparo, cum imperi populi Romani nomen ac fasces essent Syracusis, usque ad forum Syracusanorum et ad omnis crepidines urbis accessit, quo neque Carthaginiensium gloriosissimae classes, cum mari plurimum poterant, multis bellis saepe conatae umquam aspirare potuerunt, neque populi Romani invicta ante te praetorem gloria illa navalis umquam tot Punicis Siciliensibusque bellis penetrare potuit; qui locus eius modi est ut ante Syracusani in moenibus suis, in urbe, in foro hostem armatum ac victorem quam in portu ullam hostium navem viderint. (98) Hic, te praetore, praedonum naviculae pervagatae sunt quo Atheniensium classis sola post hominum memoriam trecentis navibus vi ac multitudine invasit; quae in eo ipso portu loci ipsius portusque natura victa atque superata est. Hic primum opes illius civitatis comminutae depressaeque sunt: in hoc portu Atheniensium nobilitatis, imperi, gloriae naufragium factum existimatur. **38** Eone pirata penetravit quo simul atque adisset non modo a latere sed etiam a tergo magnam partem urbis relinqueret? Insulam totam praetervectus est, quae est urbs Syracusis suo nomine ac moenibus, quo in loco maiores, ut ante dixi, Syracusanum habitare vetuerunt, quod, qui illam partem urbis tenerent, in

wegen, die den Ort nicht kennen, genauer erklären), so will ich damit sagen, daß die Seeräuber in die Stadt, und zwar in den innersten Teil der Stadt gelangt sind. Denn dieser Ort wird nicht durch seinen Hafen abgesperrt, sondern der Hafen selbst wird durch die Stadt umgeben und eingeschlossen, so daß nicht Außenmauern vom Meer bespült werden, sondern das Wasser des Hafens selbst in das Herz der Stadt eindringt.[101] (97) Hier fuhr während deiner Prätur der Seeräuber Herakleon mit vier kleinen Kaperschiffen nach seinem Belieben herum. Ihr unsterblichen Götter! Das Kaperschiff eines Seeräubers fuhr, während die Hoheitstitel und die Rutenbündel des römischen Volkes[102] in Syrakus waren, bis zum Markt der Syrakusaner und an die Uferbefestigungen der Stadt heran, wohin die ruhmreichen Flotten der Karthager, als sie auf dem Meer am mächtigsten waren, niemals, obwohl sie es in vielen Kriegen oft versucht hatten, gelangen konnten, wohin auch die vor deiner Prätur unbesiegten, ruhmreichen Seestreitkräfte des römischen Volkes in so vielen Punischen und Sizilischen Kriegen niemals vorzudringen vermochten. Dieser Ort ist nämlich so beschaffen, daß die Syrakusaner eher in ihren Mauern, in der Stadt, auf dem Markt, den bewaffneten und siegreichen Feind gesehen haben als im Hafen irgendein feindliches Schiff. (98) Hier fuhren unter deiner Prätur die Kähne der Räuber frei herum, wo seit Menschengedenken allein die Flotte der Athener mit dreihundert Schiffen[103] dank ihrer gewaltigen Übermacht eingedrungen ist. Und doch ist sie in eben diesem Hafen gerade wegen der Lage des Ortes und des Hafens besiegt und überwunden worden; in diesem Hafen, so glaubt man, habe das Ansehen, die Macht und der Ruhm der Athener Schiffbruch erlitten.[104] **38** Dorthin also drang ein Seeräuber vor, wo er, sobald er nahe herangekommen war, einen großen Teil der Stadt nicht nur zur Seite, sondern sogar im Rücken lassen mußte? An der ganzen Insel fuhr er vorbei, die in Syrakus eine Stadt mit eigenem Namen und eigenen Befestigungsanlagen ist; unsere Vorfahren gestatteten, wie schon gesagt,[105] keinem Syrakusaner, dort zu wohnen, weil sie sich darüber

eorum potestatem portum futurum intellegebant. (99) At quem ad modum est pervagatus! Radices palmarum agrestium, quas in nostris navibus invenerant, iactabant, ut omnes istius improbitatem et calamitatem Siciliae possent cognoscere. Siculosne milites, aratorumne liberos, quorum patres tantum labore suo frumenti exarabant ut populo Romano totique Italiae suppeditare possent, eosne in insula Cereris natos, ubi primum fruges inventae esse dicuntur, eo cibo esse usos a quo maiores eorum ceteros quoque frugibus inventis removerunt! Te praetore Siculi milites palmarum stirpibus, piratae Siculo frumento alebantur! (100) O spectaculum miserum atque acerbum! ludibrio esse urbis gloriam, populi Romani nomen, hominum conventum atque multitudinem piratico myoparoni! in portu Syracusano de classe populi Romani triumphum agere piratam, cum praetoris inertissimi nequissimique oculos praedonum remi respergerent!

Posteaquam e portu piratae non metu aliquo adfecti sed satietate exierunt, tum coeperunt quaerere homines causam illius tantae calamitatis. Dicere omnes et palam disputare minime esse mirandum si remigibus militibusque dimissis, reliquis egestate et fame perditis, praetore tot dies cum mulierculis perpotante, tanta ignominia et calamitas esset accepta. (101) Haec autem istius vituperatio atque infamia confirmabatur eorum sermone qui a suis civitatibus illis navibus praepositi fuerant. Qui ex illo numero reliqui Syracusas classe amissa refugerant dicebant quot ex sua quisque

im klaren waren, daß diejenigen, die diesen Teil der Stadt innehatten, auch den Hafen beherrschten. (99) Und wie er dort umherstreifte! Seine Männer warfen die Wurzeln der wilden Palmen, die sie auf unseren Schiffen gefunden hatten, in die Gegend, so daß alle die Unredlichkeit des Verres und das Unglück Siziliens erkennen konnten. Die sizilischen Soldaten, also Bauernsöhne, deren Väter durch ihre Arbeit so viel Getreide erzeugten, daß sie das römische Volk und ganz Italien versorgen konnten, sie, die auf der Insel der Ceres geboren waren, wo, wie es heißt, der Getreideanbau zuerst erfunden wurde – sie mußten sich mit einer Nahrung abfinden, von der ihre Vorfahren durch Erfindung des Ackerbaus auch alle anderen befreit haben! Unter deiner Prätur nährten sich die sizilischen Soldaten von Palmenwurzeln, die Seeräuber von sizilischem Getreide! (100) Welch erbärmliches und bitteres Schauspiel! Mit dem Ruhm der Stadt, dem Namen des römischen Volkes, der versammelten Menschenmenge trieb das Kaperschiff eines Seeräubers sein Spiel! Im Hafen von Syrakus feierte ein Seeräuber seinen Triumph über die Flotte des römischen Volkes, wobei die Ruder der Räuber die Augen des unfähigsten und nichtswürdigsten Prätors bespritzten!

Nachdem die Seeräuber sich aus dem Hafen entfernt, nicht weil irgendeine Furcht sie dazu trieb, sondern weil sie es satt hatten, begannen die Leute nach der Ursache des großen Unglücks zu fragen. Alle sagten und äußerten sich offen dahin, es sei nicht im geringsten verwunderlich, daß man eine solche Schmach und Niederlage habe hinnehmen müssen, da die Ruderer und Soldaten beurlaubt waren, der Rest durch Mangel und Hunger heruntergekommen war und der Prätor mit seinen Frauenzimmern viele Tage lang durchzechte. (101) Das tadelnswürdige Benehmen des Verres und sein schlechter Ruf wurden durch die Reden derer bekräftigt, die von ihren Gemeinden zu Befehlshabern der Schiffe bestellt worden waren. Diejenigen, die aus deren Zahl übriggeblieben waren und nach dem Verlust der Flotte in Syrakus Zuflucht gesucht hatten, teilten mit, wie viele nach ihrer Kennt-

nave missos sciret esse. Res erat clara, neque solum argumentis sed etiam certis testibus istius audacia tenebatur. **39** Homo certior fit agi nihil in foro et conventu toto die nisi hoc, quaeri ex nauarchis quem ad modum classis sit amissa; illos respondere et docere unum quemque, missione remigum, fame reliquorum, Cleomenis timore et fuga. Quod posteaquam iste cognovit, hanc rationem habere coepit. Causam sibi dicendam esse statuerat iam antequam hoc usu venit, ita ut ipsum priore actione dicere audistis. Videbat illis nauarchis testibus tantum hoc crimen sustinere se nullo modo posse. Consilium capit primo stultum, verum tamen clemens. (102) Nauarchos ad se vocari iubet; veniunt. Accusat eos quod eius modi de se sermones habuerint; rogat ut id facere desistant et in sua quisque dicat navi se tantum habuisse nautarum quantum oportuerit, neque quemquam esse dimissum. Illi enim vero se ostendunt quod vellet esse facturos. Iste non procrastinat, advocat amicos statim; quaerit ex iis singillatim quot quisque nautas habuerit. Respondet unus quisque ut erat praeceptum. Iste in tabulas refert; obsignat signis amicorum providens homo, ut contra hoc crimen, si quando opus esset, hac videlicet testificatione uteretur. (103) Derisum esse credo hominem amentem a suis consiliariis et admonitum hasce ei tabulas nihil profuturas, etiam plus ex nimia praetoris diligentia suspicionis in eo crimine futurum. Iam iste erat hac stultitia multis in rebus usus ut publice quoque quae vellet in litteris civitatum tolli et referri

nis jeweils von ihrem Schiff beurlaubt waren. Die Sache war klar; nicht nur durch Beweise, sondern auch durch zuverlässige Zeugen wurde das rücksichtslose Verhalten des Verres offenbar. 39 Der Kerl wird unterrichtet, bei der auf dem Markt versammelten Volksmenge gehe es den ganzen Tag um nichts anderes als darum, daß man von den Schiffskommandanten wissen wolle, wie die Flotte verlorengegangen sei; die aber antworteten und verständigten einen jeden dahin: wegen der Beurlaubung der Ruderer, wegen des Hungers der übrigen, infolge der Furcht und Flucht des Kleomenes. Als Verres das erfahren hatte, stellte er folgende Erwägungen an: daß er sich werde vor Gericht verantworten müssen, stand für ihn schon fest, bevor sich dies ereignete, wie ihr ihn selbst in der ersten Verhandlung habt sagen hören. Ihm war klar, daß er, wenn die Schiffskommandanten als Zeugen aufträten, diese schwere Anschuldigung auf keine Weise werde überstehen können. So faßt er zuerst einen dummen, aber doch milden Beschluß. (102) Er läßt die Schiffskommandanten zu sich rufen; sie kommen. Er hält ihnen vor, daß sie derartige Reden über ihn geführt hätten; er bittet sie, damit aufzuhören, und jeder solle erklären, er habe auf seinem Schiff die erforderliche Anzahl von Seeleuten gehabt, und niemand sei beurlaubt worden. Diese zeigen sich tatsächlich bereit, seinen Wunsch zu erfüllen. Verres schiebt die Sache nicht auf; er ruft sofort seine Freunde herbei. Er fragt jeden Schiffskommandanten einzeln, wie viele Seeleute er gehabt habe. Ein jeder antwortet, wie ihm vorgeschrieben war. Verres nimmt die Aussagen zu Protokoll und läßt sie als weitblickender Mann durch die Siegel der Freunde beglaubigen, natürlich um dieses Zeugnis, falls es einmal nötig sein sollte, gegen die Anklage zu benutzen. (103) Ich glaube, der wahnwitzige Mensch wurde von seinen Ratgebern ausgelacht und darauf hingewiesen, daß ihm dieses Protokoll nichts nützen, ja, daß die allzu große Sorgfalt des Prätors den Verdacht bei diesem Anklagepunkt nur steigern werde. Er hatte schon in vielen Fällen die Torheit begangen, sogar von Amts wegen in den Protokollen der Gemeinden tilgen und

iuberet; quae omnia nunc intellegit sibi nihil prodesse, posteaquam certis litteris testibus auctoritatibusque convincitur. 40 Ubi hoc videt, illorum confessionem, testificationem suam, tabellas sibi nullo adiumento futuras, init consilium non improbi praetoris, – nam id quidem esset ferendum, – sed importuni atque amentis tyranni: statuit, si hoc crimen extenuari vellet, – nam omnino tolli posse non arbitrabatur, – nauarchos omnis, testis sui sceleris, vita esse privandos. (104) Occurrebat illa ratio: 'Quid Cleomene fiet? poterone animum advertere in eos quos dicto audientis esse iussi, missum facere eum cui potestatem imperiumque permisi? poterone eos adficere supplicio qui Cleomenen secuti sunt, ignoscere Cleomeni qui secum fugere et se consequi iussit? poterone esse in eos vehemens qui navis non modo inanis habuerunt sed etiam apertas, in eum dissolutus qui solus habuerit constratam navem et minus exinanitam? Pereat Cleomenes una!' Ubi fides, ubi exsecrationes, ubi dexterae complexusque, ubi illud contubernium muliebris militiae in illo delicatissimo litore? Fieri nullo modo poterat quin Cleomeni parceretur. (105) Vocat Cleomenen, dicit ei se statuisse animadvertere in omnis nauarchos; ita sui periculi rationes ferre ac postulare. 'Tibi uni parcam et potius istius culpae crimen vituperationemque inconstantiae suscipiam quam aut in te sim crudelis aut tot tam gravis testis vivos incolumisque esse patiar.' Agit gratias Cleomenes, adprobat consilium, dicit ita fieri oportere, admonet tamen illud, quod istum fugerat, in Phalacrum, Centuripinum nauarchum, non

eintragen zu lassen, was er wünschte. Doch jetzt erkennt er, daß ihm das alles gar nichts nützt, wo er durch zuverlässige Schriftstücke, Zeugen und Erklärungen überführt wird. 40 Als er sieht, daß die Aussage der Schiffskommandanten, sein Zeugenbeweis und Protokoll ihm keine Hilfe bringen werde, da faßt er den Entschluß nicht eines gewissenlosen Prätors (denn das wäre ja noch erträglich), sondern eines brutalen und wahnwitzigen Tyrannen. Er sagt sich, wenn er diese Beschuldigung abschwächen wolle (denn daß er sie ganz auslöschen könne, daran glaubte er nicht), dann müßten alle Schiffskommandanten, die Zeugen seines Verbrechens, ihr Leben einbüßen. (104) Da drängte sich ihm die Überlegung auf: »Was soll mit Kleomenes geschehen? Kann ich strafend gegen die vorgehen, die ich seinem Befehl unterstellt, den aber frei davonkommen lassen, dem ich die oberste Befehlsgewalt übertragen habe? Kann ich über jene die Todesstrafe verhängen, die dem Kleomenes gefolgt sind, und dem Kleomenes verzeihen, der ihnen befahl, mit ihm zu fliehen und ihm auf dem Fuße zu folgen? Kann ich gegen jene hart sein, die nicht nur unbemannte, sondern auch offene Schiffe hatten, und nachsichtig gegen den, der als einziger ein mit einem Verdeck versehenes und weniger schwach bemanntes Schiff besaß? Kleomenes soll zusammen mit ihnen den Tod finden!« Aber wo bliebe da die Treue, wo die Schwüre, wo die Handschläge und Umarmungen, wo die Zeltkameradschaft beim Weiberfeldzug an dem so üppigen Strande? Es war völlig unmöglich, Kleomenes nicht zu schonen. (105) Er ruft den Kleomenes; er sagt ihm, er habe beschlossen, alle Schiffskommandanten zu bestrafen; so verlange und erfordere es die Rücksicht auf seine eigene Sicherheit. »Dich allein will ich schonen und lieber den Vorwurf dieses schuldhaften Handelns und den Tadel der Inkonsequenz auf mich nehmen als gegen dich grausam sein oder so viele, so belastende Zeugen am Leben und unversehrt lassen!« Kleomenes bedankt sich, billigt den Entschluß und sagt, so müsse es geschehen; er gibt jedoch einen Punkt zu bedenken, der dem Verres entgangen war; den Phalakros,

posse animadverti, propterea quod secum una fuisset in Centuripina quadriremi. Quid ergo? iste homo ex eius modi civitate, adulescens nobilissimus, testis relinquetur? 'In praesentia,' inquit Cleomenes, 'quoniam ita necesse est; sed post aliquid videbimus ne iste nobis obstare possit.'

41 (106) Haec posteaquam acta et constituta sunt, procedit iste repente e praetorio inflammatus scelere furore crudelitate; in forum venit, nauarchos vocari iubet. Qui nihil metuerent, nihil suspicarentur, statim accurrunt. Iste hominibus miseris innocentibus inici catenas imperat. Implorare illi fidem praetoris, et quare id faceret rogare. Tum iste hoc causae dicit, quod classem praedonibus prodidissent. Fit clamor et admiratio populi tantam esse in homine impudentiam atque audaciam ut aut aliis causam calamitatis attribueret quae omnis propter avaritiam ipsius accidisset, aut, cum ipse praedonum socius arbitraretur, aliis proditionis crimen inferret; deinde hoc quinto decimo die crimen esse natum postquam classis esset amissa. (107) Cum haec ita fierent, quaerebatur ubi esset Cleomenes, non quo illum ipsum, cuicuimodi est, quisquam supplicio propter illud incommodum dignum putaret; nam quid Cleomenes facere potuit? – non enim possum quemquam insimulare falso – quid, inquam, magno opere potuit Cleomenes facere istius avaritia navibus exinanitis? Atque eum vident sedere ad latus praetoris et ad aurem familiariter, ut solitus erat, insusurrare. Tum vero omnibus indignissimum visum est homines honestissimos, electos e suis civitatibus, in ferrum atque in vincla coniectos, Cleomenem propter flagitiorum ac turpitudinum societatem familiarissimum esse praetori. (108) Adponitur iis tamen

den Schiffskommandanten aus Centuripae, dürfe man nicht bestrafen, weil er zusammen mit ihm auf dem Vierruderer der Centuripiner gewesen sei. Wie denn? Soll der, ein hochangesehener junger Mann aus einer solchen Gemeinde, als Zeuge übrigbleiben? »Für den Augenblick, ja«, sagte Kleomenes, »da es so sein muß; doch später werden wir etwas finden, daß der uns nicht im Wege stehen kann.«

41 (106) Nachdem man dies verhandelt und beschlossen hatte, tritt Verres plötzlich aus dem Prätorenpalast hervor, entflammt von Bosheit, Wut und Grausamkeit. Er erscheint auf dem Marktplatz; er läßt die Schiffskommandanten zu sich rufen. Da diese nichts befürchteten, nichts argwöhnten, eilen sie sofort herbei. Verres befiehlt, den unglücklichen, unschuldigen Menschen Ketten anzulegen. Die flehen den Prätor um Gnade an und fragen, warum er so handle. Da nennt er ihnen den Grund: sie hätten den Räubern die Flotte verraten. Das Volk erhob verwunderte Rufe: so groß sei die Unverschämtheit und Frechheit dieses Menschen, daß er entweder anderen die Schuld an dem Unglück, das einzig und allein infolge seiner Habsucht eingetreten sei, zuschreiben oder gegen andere den Vorwurf des Verrates erheben wolle, da er doch selbst als Genosse der Räuber gelte;[106] zudem sei dieser Vorwurf erst fünfzehn Tage nach dem Verlust der Flotte aufgetaucht. (107) Als dies so geschah, fragte man, wo Kleomenes sei – nicht etwa weil man glaubte, er habe, wie immer er er geartet sei, wegen der Schlappe die Todesstrafe verdient. Denn was konnte Kleomenes tun – denn ich kann ja niemanden fälschlich beschuldigen –, was sage ich, konnte Kleomenes groß tun, da die Schiffe infolge der Habgier des Verres entblößt waren? Und da sehen sie ihn an der Seite des Prätors sitzen und ihm, wie er es gewohnt war, vertraulich etwas ins Ohr flüstern. Da aber erschien es allen äußerst empörend, daß hochangesehene Männer, die von ihren Gemeinden ausgewählt waren, in eiserne Ketten gelegt wurden, während Kleomenes wegen Beteiligung an dessen schmutzigen Schandtaten in einem ganz engen Vertrauensverhältnis zum Prätor stand. (108) Doch als Ankläger gegen

accusator Naevius Turpio quidam, qui C. Sacerdote praetore iniuriarum damnatus est, homo bene adpositus ad istius audaciam, quem iste in decumis, in rebus capitalibus, in omni calumnia praecursorem habere solebat et emissarium.

42 Veniunt Syracusas parentes propinquique miserorum adulescentium hoc repentino calamitatis suae commoti nuntio; vinctos aspiciunt catenis liberos suos, cum istius avaritiae poenam collo et cervicibus suis sustinerent; adsunt, defendunt, proclamant, fidem tuam, quae nusquam erat neque umquam fuerat, implorant. Pater aderat Dexo Tyndaritanus, homo nobilissimus, hospes tuus. Cuius tu domi fueras, quem hospitem appellaras, eum cum illa auctoritate miseria videres perditum, non te eius lacrimae, non senectus, non hospiti ius atque nomen a scelere aliquam ad partem humanitatis revocare potuit? (109) Sed quid ego hospiti iura in hac immani belua commemoro? Qui Sthenium Thermitanum, hospitem suum, cuius domum per hospitium exhausit et exinanivit, absentem in reos rettulerit, causa indicta capite damnarit, ab eo nunc hospitiorum iura atque officia quaeramus? Cum homine enim crudeli nobis res est an cum fera atque immani belua? Te patris lacrimae de innocentis fili periculo non movebant; cum patrem domi reliquisses, filium tecum haberes, te neque praesens filius de liberum caritate neque absens pater de indulgentia patria commonebat? (110) Catenas habebat hospes tuus Aristeus, Dexonis filius. Quid ita? 'Prodiderat classem.' Quod ob praemium? 'Deseruerat.'

die Schiffskommandanten wird ein gewisser Naevius Turpio bestellt, der unter der Prätur des C. Sacerdos wegen rechtswidriger Handlungen verurteilt worden war, ein für die Frechheit des Verres recht brauchbarer Mann, den dieser beim Zehnten, bei Kapitalverbrechen, bei jeder Art von Intrigen als Kundschafter und Spion zu verwenden pflegte.[107]

42 Nach Syrakus kommen die Eltern und Verwandten der unglücklichen jungen Menschen, durch die plötzliche Nachricht von deren Notlage aufgeschreckt; sie erblicken ihre Kinder mit Ketten gefesselt, diese trugen nämlich die Strafe für des Verres Habgier an ihrem Hals und Nacken. Sie erscheinen vor Gericht, sie verteidigen jene, sie protestieren laut; dein Gerechtigkeitsgefühl, das es nirgends gab und niemals gegeben hatte, flehen sie an. Als Vater war da Dexon aus Tyndaris, ein hochangesehener Mann, dein Gastfreund. Du warst in seinem Haus gewesen, du hattest ihn Gastfreund genannt. Als du sahst, wie dieser ehrwürdige Mann von seinem Unglück gebeugt war, konnten dich da nicht seine Tränen, nicht sein Alter, nicht das Wort und Gebot der Gastfreundschaft von deinem ruchlosen Verhalten wenigstens zu einer Spur menschlichen Gefühls zurückrufen? (109) Doch was spreche ich von den Geboten der Gastfreundschaft bei diesem scheußlichen Untier? Er hat seinen Gastfreund Sthenius aus Thermai, dessen Haus er unter Mißbrauch der Gastfreundschaft ausgesaugt und ausgeleert hat, in Abwesenheit unter Anklage gestellt und ihn ohne Verhandlung zum Tode verurteilt,[108] und bei ihm sollen wir jetzt nach den Geboten und Pflichten der Gastfreundschaft fragen? Denn haben wir es mit einem grausamen Menschen zu tun oder mit einem wilden und scheußlichen Untier? Dich rührten nicht die Tränen des Vaters über die Gefahr des unschuldigen Sohnes; während du einen Vater daheim gelassen, einen Sohn bei dir hattest, mahnte dich nicht der anwesende Sohn an die Kindesliebe, nicht der abwesende Vater an die väterliche Güte? (110) In Ketten war dein Gastfreund Aristeus, der Sohn des Dexon. Warum denn? »Er hatte die Flotte verraten.« Für welchen Lohn? »Er hatte die Flotte verlassen.«[109] Und was

Quid Cleomenes? 'Ignavus fuerat.' At eum tu ob virtutem corona ante donaras. 'Dimiserat nautas.' At ab omnibus tu mercedem missionis acceperas. Alter parens ex altera parte erat Herbitensis Eubulida, homo domi suae clarus et nobilis; qui quia Cleomenem in defendendo filio laeserat, nudus paene est destitutus. Quid erat autem quod quisquam diceret aut defenderet? 'Cleomenem nominare non licet.' At causa cogit. 'Moriere, si appellaris'; numquam enim iste cuiquam est mediocriter minatus. At remiges non erant. 'Praetorem tu accuses? frange cervices.' Si neque praetorem neque praetoris aemulum appellari licebit, cum in his duobus tota causa sit, quid futurum est?

43 (111) Dicit etiam causam Heracleus Segestanus, homo domi suae nobilissimo loco natus. Audite, ut vestra humanitas postulat, iudices; audietis enim de magnis incommodis iniuriisque sociorum. Hunc scitote fuisse Heracleum in ea causa, qui propter gravem morbum oculorum tum non navigarit, et iussu eius qui potestatem habuit in commeatu Syracusis remanserit! Is certe neque classem prodidit neque metu perterritus fugit neque exercitum deseruit; etenim tum esset hoc animadvertendum cum classis Syracusis proficiscebatur. Is tamen in eadem causa fuit, quasi esset in aliquo manifesto scelere deprehensus, in quem ne falsi quidem causa conferri criminis potuit. (112) Fuit in illis nauarchis Heracliensis quidam Furius, – nam habent illi non nulla huiusce modi Latina nomina, – homo, quam diu vixit, non domi suae solum, post

tat Kleomenes? »Er war feige gewesen.« Aber du hattest ihn doch vorher wegen seiner Tapferkeit mit einem Kranz beschenkt.[110] »Er hatte die Seeleute beurlaubt.« Aber du hattest doch von allen den Lohn für die Beurlaubung empfangen. Aus einer anderen Gegend war ein anderer Vater da, der Herbitaner Eubulidas, ein in seiner Heimat geschätzter und angesehener Mann. Dem wurden, weil er bei der Verteidigung seines Sohnes den Kleomenes beleidigt hatte, fast die Kleider vom Leibe gerissen.[111] Doch was konnte jemand noch sagen oder zur Verteidigung vorbringen? »Kleomenes zu erwähnen, ist nicht erlaubt.« Aber die Sache zwingt dazu. »Du wirst sterben, wenn du ihn nennst«; niemals hat ja Verres jemandem maßvoll gedroht. Aber es waren doch keine Ruderer da. »Du willst den Prätor anklagen? Brich ihm den Hals.«[112] Wenn man weder den Prätor noch das Ebenbild des Prätors nennen darf, obwohl auf diesen beiden die ganze Sache beruht, was soll dann werden?

43 (111) Verantworten muß sich auch Heraklius aus Segesta, ein in seiner Heimat sehr angesehener Mann von vornehmer Herkunft. Hört zu, wie es euer Mitgefühl erfordert, ihr Richter; denn ihr werdet von schweren Leiden und Mißhandlungen der Bundesgenossen hören. Dieser Heraklius, müßt ihr wissen, wurde in diese Sache hineingezogen, obwohl er wegen einer schweren Augenkrankheit damals nicht an Bord des Schiffes war und auf Anordnung seines Befehlshabers beurlaubt in Syrakus zurückblieb. Der hat doch bestimmt weder die Flotte verraten noch aus Angst die Flucht ergriffen, noch das Heer verlassen; das hätte man ja auch schon damals bestrafen müssen, als die Flotte von Syrakus auslief. Der wurde nun trotzdem gleichfalls in die Sache hineingezogen, als hätte man ihn bei einem handgreiflichen Verbrechen ertappt, während man gegen ihn nicht einmal einen Scheingrund für eine falsche Anschuldigung vorbringen konnte. (112) Unter den Schiffskommandanten befand sich auch ein gewisser Furius aus Herakleia (denn die Leute dort haben bisweilen solche lateinischen Namen) – ein Mann, der, solange er lebte, nicht nur in seiner Heimat, nach

mortem tota Sicilia clarus et nobilis. In quo homine tantum animi fuit non solum ut istum libere laederet, – nam id quidem, quoniam moriundum videbat, sine periculo se facere intellegebat, – verum morte proposita, cum lacrimans in carcere mater noctes diesque adsideret, defensionem causae suae scripsit; quam nunc nemo est in Sicilia quin habeat, quin legat, quin tui sceleris et crudelitatis ex illa oratione commonefiat. In qua docet quot a civitate sua nautas acceperit, quot et quanti quemque dimiserit, quot secum habuerit; item de ceteris navibus dicit; quae cum apud te diceret, virgis oculi verberabantur. Ille morte proposita facile dolorem corporis patiebatur; clamabat, id quod scriptum reliquit, facinus esse indignum plus impudicissimae mulieris savia apud te de Cleomenis salute quam de sua vita lacrimas matris valere. (113) Deinde etiam illud video esse dictum quod, si recte vos populus Romanus cognovit, non falso ille de vobis iam in morte ipsa praedicavit, non posse Verrem testis interficiendo crimina sua exstinguere; graviorem apud sapientis iudices se fore ab inferis testem quam si vivus in iudicium produceretur; tum avaritiae solum, si viveret, nunc, cum ita esset necatus, sceleris audaciae crudelitatis testem fore. Iam illa praeclara: non testium modo catervas, cum tua res ageretur, sed ab dis manibus innocentium Poenas scelerumque Furias in tuum iudicium esse venturas; sese ideo leviorem suum casum fingere, quod iam ante aciem securium tuarum Sextique, tui carnificis, vultum et manum vidisset, cum in conventu

seinem Tode aber in ganz Sizilien bekannt und angesehen war. Dieser Mann besaß so viel Mut, daß er nicht nur den Verres offen angriff (denn da er sah, daß er sterben müsse, war ihm klar, daß er das ohne Gefahr tun könne), sondern er schrieb auch, als der Tod bereits über ihn verhängt war, während seine Mutter weinend Tag und Nacht im Gefängnis bei ihm saß, eine Rechtfertigung seiner Sache nieder. Es gibt jetzt niemanden in Sizilien, der sie nicht besitzt, nicht liest, der nicht durch diese Aussage an deine Ruchlosigkeit und Grausamkeit erinnert wird. Er legt dort dar, wie viele Seeleute er von seiner Gemeinde erhalten, wie viele und für welchen Preis er einen jeden beurlaubt,[113] wie viele er bei sich gehabt habe; dasselbe berichtet er von den übrigen Schiffen. Als er dies vor dir erklärte, schlug man ihm mit Ruten ins Gesicht. Der ertrug, den Tod vor Augen, leicht den körperlichen Schmerz; er rief, was er auch schriftlich hinterlassen hat: es sei eine empörende Sache, daß bei dir die Küsse des schamlosesten Weibes mehr für die Rettung des Kleomenes ausrichteten als die Tränen einer Mutter für sein eigenes Leben. (113) Ferner sehe ich, daß er auch gesagt hat, was er, wenn das römische Volk euch richtig eingeschätzt hat, nicht unzutreffend schon im Augenblick des Todes über euch rühmend geäußert hat: Verres könne durch die Ermordung der Zeugen seine Verbrechen nicht auslöschen; er werde aus der Unterwelt vor einsichtigen Richtern ein gewichtigerer Zeuge sein, als wenn man ihn lebend in die Gerichtsverhandlung führe; wenn er lebte, dann würde er nur über die Habgier Zeugnis ablegen können, jetzt aber, da man ihn in dieser Weise getötet habe, auch über die Ruchlosigkeit, Bösartigkeit und Grausamkeit. Trefflich ist ferner folgende Bemerkung: wenn deine Sache verhandelt werde, dann würden nicht nur Scharen von Zeugen, sondern aus der Unterwelt auch die Rachegöttinnen der Unschuldigen und die Furien deiner Verbrechen zu deinem Prozeß kommen; sein eigenes Schicksal stelle er sich deshalb leichter vor, weil er schon vorher die Schärfe deiner Beile sowie die Miene und die Hand deines Henkers Sextius gesehen habe, als vor den versammelten römischen Bürgern

civium Romanorum iussu tuo securi cives Romani ferirentur. (114) Ne multa, iudices, libertate quam vos sociis dedistis, hac ille in acerbissimo supplicio miserrimae servitutis abusus est.

44 Condemnat omnis de consili sententia; tamen neque iste in tanta re tot hominum T. Vettium ad se arcessit, quaestorem suum, cuius consilio uteretur, neque P. Cervium, talem virum, legatum, qui quia legatus isto praetore in Sicilia fuit primus ab isto iudex reiectus est, sed de latronum, hoc est de comitum suorum sententia condemnat omnis. (115) Hic cuncti Siculi, fidelissimi atque antiquissimi socii, plurimis adfecti beneficiis a maioribus nostris, graviter commoventur et de suis periculis fortunisque omnibus pertimescunt: indigne ferunt illam clementiam mansuetudinemque nostri imperi in tantam crudelitatem inhumanitatemque esse conversam, condemnari tot homines uno tempore nullo crimine, defensionem suorum furtorum praetorem improbum ex indignissima morte innocentium quaerere. Nihil addi iam videtur, iudices, ad hanc improbitatem amentiam crudelitatemque posse, et recte nihil videtur. Nam si cum aliorum improbitate certet, longe omnis multumque superabit; (116) sed secum ipse certat, id agit ut semper superius suum facinus novo scelere vincat. Phalacrum Centuripinum dixeram exceptum esse a Cleomene, quod in eius quadriremi Cleomenes vectus esset; tamen, quia pertimuerat adulescens, quod eandem suam causam videbat esse quam illorum qui innocentes peribant, accedit ad hominem Timarchides; a securi negat esse ei periculum, virgis ne caederetur monet ut caveat. Ne multa, ipsum dicere adulescentem audistis se ob

auf deinen Befehl hin römische Bürger mit dem Beil hingerichtet wurden. (114) Kurzum, ihr Richter: von der Freiheit, die ihr den Bundesgenossen gewährt habt, hat dieser Mann vollen Gebrauch gemacht, als ihn die bitterste Strafe der elendesten Sklaven traf.

44 Verres verurteilt sie alle nach dem Vorschlag seiner Berater; jedoch ruft er bei einer so wichtigen Sache, die so viele Menschen betrifft, weder den T. Vettius[114], seinen Quästor, zu sich, um sich seines Rates zu bedienen, noch seinen Legaten P. Cervius, diesen trefflichen Mann, den er, weil er während seiner Prätur Legat in Sizilien war, an erster Stelle als Richter abgelehnt hat[115] – vielmehr verurteilt er sie alle auf Vorschlag von Banditen, das heißt von Leuten aus seinem Gefolge. (115) Da sind alle Sizilier, unsere treuesten und ältesten Bundesgenossen, denen unsere Vorfahren sehr viele Wohltaten erwiesen haben, stark beunruhigt, und sie befürchten die Gefährdung ihres Lebens und ihrer gesamten Existenz. Sie sind entrüstet, daß sich die freundliche Milde unserer Herrschaft in solch unmenschliche Grausamkeit verwandelt hat, daß man gleichzeitig so viele Menschen ohne Anklage verurteilt, daß sich ein gewissenloser Prätor durch die schändliche Ermordung Unschuldiger Sicherheit für seine Diebstähle zu verschaffen sucht. Es scheint so, ihr Richter, als lasse sich diese Schurkerei, Tobsucht und Grausamkeit nicht mehr steigern, und es scheint wirklich so zu sein. Denn wenn er mit der Bösartigkeit anderer wetteifern wollte, dann würde er alle ganz weit hinter sich lassen. (116) Doch er wetteifert mit sich selbst; er geht darauf aus, immer seine frühere Untat durch ein neues Verbrechen zu übertreffen. Den Phalakros aus Centuripae, sagte ich,[116] hatte Kleomenes ausgenommen, weil Kleomenes auf dessen Vierruderer gefahren war; doch weil der junge Mann große Furcht empfand (denn er sah, daß seine Lage dieselbe war wie die derjenigen, die unschuldig eines gewaltsamen Todes starben), macht sich Timarchides an ihn heran: vom Beil, sagt er, drohe ihm keine Gefahr; er solle sich jedoch vor Stockschlägen hüten, mahnt er ihn. Kurzum, ihr habt den jungen

hunc metum pecuniam Timarchidi numerasse. (117) Levia
sunt haec in hoc reo. Metum virgarum nauarchus nobilissi-
mae civitatis, pretio redemit: humanum est. Alius ne con-
demnaretur pecuniam dedit: usitatum est. Non vult populus
Romanus obsoletis criminibus accusari Verrem, nova postulat, inaudita desiderat; non de praetore Siciliae, sed de nefario
tyranno fieri iudicium arbitratur. 45 Includuntur in carcerem
condemnati; supplicium constituitur in illos, sumitur de miseris parentibus nauarchorum; prohibentur adire ad filios,
prohibentur liberis suis cibum vestitumque ferre. (118) Patres hi quos videtis iacebant in limine, matresque miserae
pernoctabant ad ostium carceris ab extremo conspectu liberum exclusae; quae nihil aliud orabant nisi ut filiorum suorum postremum spiritum ore excipere liceret. Aderat ianitor
carceris, carnifex praetoris, mors terrorque sociorum et
civium Romanorum, lictor Sextius, cui ex omni gemitu dolo-
reque certa merces comparabatur. 'Ut adeas, tantum dabis,
ut cibum tibi intro ferre liceat, tantum.' Nemo recusabat.
'Quid? ut uno ictu securis adferam mortem filio tuo, quid
dabis? ne diu crucietur, ne saepius feriatur, ne cum sensu doloris aliquo spiritus auferatur?' Etiam ob hanc causam pecunia
lictori dabatur. (119) O magnum atque intolerandum dolorem! o gravem acerbamque fortunam! Non vitam liberum,
sed mortis celeritatem pretio redimere cogebantur parentes.
Atque ipsi etiam adulescentes cum Sextio suo de plaga et de
uno illo ictu loquebantur, idque postremum parentis suos
liberi orabant, ut levandi cruciatus sui causa lictori pecunia

Mann selbst aussagen gehört, aus Furcht davor habe er dem Timarchides Geld gezahlt. (117) Das sind Kleinigkeiten bei diesem Angeklagten. Von der Angst vor Stockschlägen kauft sich der Schiffskommandant der hochangesehenen Gemeinde mit Geld frei: das ist menschlich. Ein anderer hat Geld gegeben, um nicht verurteilt zu werden: das ist etwas Übliches. Das römische Volk wünscht nicht, daß Verres mit alltäglichen Vorwürfen angeklagt wird; es fordert neue, verlangt unerhörte; nicht über einen Prätor Siziliens, sondern über einen verruchten Tyrannen, glaubt es, werde Gericht gehalten. **45** Man sperrt die Verurteilten ins Gefängnis; die Strafe wird über sie verhängt, doch auch an den unglücklichen Eltern der Schiffskommandanten vollzogen: man verwehrt ihnen, ihre Söhne zu besuchen, verwehrt ihnen, ihren Kindern Nahrung und Kleidung zu bringen. (118) Die Väter, die ihr hier seht, sie lagen auf der Schwelle, und die unglücklichen Mütter verbrachten die Nacht vor dem Gefängnistor, man versagte ihnen, ihre Kinder zum letzten Mal zu sehen. Sie aber baten um nichts anderes, als den letzten Atemzug ihrer Söhne mit ihrem Munde auffangen zu dürfen. Da war der Gefängniswärter zur Stelle, der Henker des Prätors, der Tod und Schrecken der Bundesgenossen und römischen Bürger, der Liktor Sextius, dem aus jedem Seufzer und Schmerz ein sicherer Lohn erwuchs. »Dafür, daß du ihn besuchen darfst, wirst du so viel geben; um Nahrung hineinbringen zu dürfen, so viel.« Niemand weigerte sich. »Na? Daß ich deinem Sohne mit *einem* Beilhieb den Tod bringe, was wirst du dafür geben? Daß er sich nicht lange quälen muß, daß er nicht mehrere Hiebe erhält, daß er ohne jegliches Schmerzgefühl seinen Geist aufgibt?« Auch aus diesem Grund gab man dem Liktor Geld. (119) Welch große und unerträgliche Qual! Welch schweres und bitteres Schicksal! Nicht das Leben ihrer Kinder, sondern einen schnellen Tod mußten die Eltern für Geld erkaufen. Und auch die jungen Männer selbst sprachen mit ihrem Sextius[117] über den Schlag und über den einen Beilhieb, und das war die letzte Bitte der Kinder an ihre Eltern: man möge, um ihre Qual zu erleichtern,

daretur. Multi et graves dolores inventi parentibus et propinquis, multi; verum tamen mors sit extremum. Non erit. Estne aliquid ultra quo crudelitas progredi possit? Reperietur; nam illorum, cum erunt securi percussi ac necati, corpora feris obicientur. Hoc si luctuosum est parentibus, redimant pretio sepeliendi potestatem. (120) Onasum Segestanum, hominem nobilem, dicere audistis se ob sepulturam Heraclei nauarchi pecuniam Timarchidi numerasse; ne hoc possis dicere, 'Patres enim veniunt amissis filiis irati,' vir primarius, homo nobilissimus, dicit, neque de filio dicit. Iam hoc quis tum fuit Syracusis quin audierit, quin sciat, has Timarchidi pactiones sepulturae cum vivis etiam illis esse factas? Non palam cum Timarchide loquebantur, non omnes omnium propinqui adhibebantur, non palam vivorum funera locabantur?

Quibus omnibus rebus actis atque decisis producuntur e carcere, deligantur. **46** (121) Quis tam fuit illo tempore ferreus, quis tam inhumanus praeter unum te, qui non illorum aetate nobilitate miseria commoveretur? Ecquis fuit quin lacrimaret, quin ita calamitatem illam putaret illorum ut fortunam tamen non alienam, periculum autem commune arbitraretur? Feriuntur securi. Laetaris tu in omnium gemitu et triumphas; testis avaritiae tuae gaudes esse sublatos. Errabas, Verres, et vehementer errabas, cum te maculas furtorum et flagitiorum tuorum sociorum innocentium sanguine eluere arbitrabare; praeceps amentia ferebare, qui te existimares avaritiae vulnera crudelitatis remediis posse sanare. Etenim

dem Liktor Geld geben. Viele schlimme Leiden hatte man
für die Eltern und Verwandten ersonnen, viele; aber doch
wenigstens der Tod dürfte das Ende sein. Nein, er soll es
nicht sein. Gibt es denn noch etwas darüber hinaus, wozu
Grausamkeit sich steigern könnte? Das wird sich erweisen;
denn wenn sie mit dem Beil hingerichtet und getötet sind,
wird man ihre Leichen den wilden Tieren vorwerfen. Wenn
das für die Eltern qualvoll ist, dann mögen sie für Geld
die Erlaubnis erkaufen, sie zu bestatten. (120) Den Onasos,
einen vornehmen Bürger aus Segesta, habt ihr aussagen gehört, er habe für das Begräbnis des Schiffskommandanten
Heraklius dem Timarchides Geld gezahlt. Damit du nicht
behaupten kannst: »Es kommen ja nur die Väter her, die über
den Verlust ihrer Söhne erbittert sind«[118], deshalb macht ein
angesehener Mann aus vornehmem Hause diese Aussage,
und er macht sie nicht von seinem Sohn. Außerdem, wer war
damals in Syrakus, der nicht gehört hätte, der nicht wüßte,
daß Timarchides diese Bestattungsverträge sogar mit den
lebenden Opfern abgeschlossen hat? Sprach man nicht offen
mit Timarchides, wurden nicht alle Verwandten eines jeden
hinzugezogen, wurden nicht öffentlich die Leichenbegäng-
nisse der noch Lebenden verdungen?
Als alle diese Dinge verhandelt und abgeschlossen waren,
führte man sie aus dem Gefängnis und band sie an den Pfahl.
46 (121) Wer war damals so hart, wer so gefühllos außer dir
allein, daß ihn ihre Jugend, ihr Adel, ihr Elend nicht erschüttert hätte? Gab es wohl jemand, der nicht geweint, der ihr
Unglück nicht so angesehen hätte, daß er ihr Schicksal nicht
für fremd[119], die Gefahr aber für allgemein erachtete? Man
erschlägt sie mit dem Beil. Du aber frohlockst bei dem allgemeinen Stöhnen und triumphierst; du freust dich, daß
die Zeugen deiner Habgier beseitigt sind. Du irrtest dich,
Verres, und du irrtest dich sehr, wenn du glaubtest, du könntest die Flecke deiner Diebstähle und Schandtaten mit dem
Blut unschuldiger Bundesgenossen abwaschen. Kopflos vor
Wahnsinn ließest du dich hinreißen, wenn du meintest, du
könntest die Wunden der Habgier mit den Pflastern der

quamquam illi sunt mortui sceleris tui testes, tamen eorum propinqui neque illis neque tibi desunt, tamen ex ipso illo numero nauarchorum aliqui vivunt et adsunt, quos, ut mihi videtur, ad illorum innocentium poenas fortuna et ad hanc causam reservavit. (122) Adest Phylarchus Haluntinus, qui quia cum Cleomene non fugit, oppressus a praedonibus et captus est; cui calamitas saluti fuit, qui nisi captus a piratis esset in hunc praedonem sociorum incidisset. Dicit is pro testimonio de missione nautarum, de fame, de Cleomenis fuga. Adest Centuripinus Phalacrus in amplissima civitate amplissimo loco natus; eadem dicit, nulla in re discrepat. (123) Per deos immortalis! quo tandem animo sedetis, iudices, aut haec quem ad modum auditis? Utrum ego desipio et plus quam satis est doleo tanta calamitate miseriaque sociorum, an vos quoque hic acerbissimus innocentium cruciatus et maeror pari sensu doloris adficit? Ego enim cum Herbitensem, cum Heracliensem securi percussum esse dico, versatur mihi ante oculos indignitas calamitatis. 47 Eorumne populorum civis, eorum agrorum alumnos, ex quibus maxima vis frumenti quotannis plebi Romanae illorum operis ac laboribus quaeritur, qui a parentibus spe nostri imperi nostraeque aequitatis suscepti educatique sunt, ad C. Verris nefariam immanitatem et ad eius funestam securem esse servatos? (124) Cum mihi Tyndaritani illius venit in mentem, cum Segestani, tum iura simul civitatum atque officia considero. Quas urbis P. Africanus etiam ornandas esse spoliis

Grausamkeit heilen. Denn wenn auch jene Zeugen deines Verbrechens tot sind, so fehlen doch deren Verwandte nicht, weder für die Toten noch für dich; doch auch aus der Zahl der Schiffskommandanten leben noch einige und sind hier – diese hat, wie mir scheint, das Schicksal für die Rache der Unschuldigen und für diesen Prozeß aufbewahrt. (122) Anwesend ist Phylarchos aus Haluntion, der, weil er nicht mit Kleomenes floh, von den Räubern überwältigt und gefangengenommen wurde; dies Unglück rettete ihn.[120] Denn wenn die Seeräuber ihn nicht gefangengenommen hätten, wäre er diesem Ausplünderer der Bundesgenossen in die Hände gefallen. Er gibt als Zeuge Auskunft über die Beurlaubung der Seeleute, über die Hungersnot, über die Flucht des Kleomenes. Anwesend ist Phalakros aus Centuripae, Sproß einer der angesehensten Familien in der hochangesehenen Gemeinde; er sagt dasselbe; seine Aussage weicht in keinem Punkte ab.

(123) Bei den unsterblichen Göttern! Mit welchen Gefühlen sitzt ihr eigentlich da, ihr Richter, oder wie hört ihr euch diese Dinge an? Bin ich von Sinnen und empfinde bei dem großen Unglück und Elend der Bundesgenossen einen größeren Schmerz, als vernünftig ist, oder erfüllt auch euch diese so bittere Qual und Trauer Unschuldiger mit gleicher schmerzlicher Empfindung? Denn wenn ich sage, ein Mann aus Herbita, ein Mann aus Herakleia sei mit dem Beil hingerichtet worden, dann schwebt mir das Empörende dieses schlimmen Geschickes vor Augen. **47** Die Bürger der Gemeinden, die Söhne der ländlichen Bezirke, durch deren Mühe und Arbeit Jahr für Jahr die größte Menge Getreide für das römische Volk gewonnen wird, Männer, die von ihren Eltern im Vertrauen auf unsere Herrschaft und unsere Gerechtigkeit aufgezogen und angeleitet wurden, die waren für die scheußliche Roheit des Verres und für sein tödliches Beil aufbewahrt worden? (124) Wenn ich an den Mann aus Tyndaris denke, an den Mann aus Segesta, dann bedenke ich zugleich die Rechte und die Pflichten der Gemeinden. Städte, die P. Africanus sogar mit der Feindesbeute glaubte schmük-

hostium arbitratus est, eas C. Verres non solum illis ornamentis sed etiam viris nobilissimis nefario scelere privavit.
En quod Tyndaritani libenter praedicent: 'Nos in septemdecim populis Siciliae numeramur, nos semper omnibus
Punicis Siciliensibusque bellis amicitiam fidemque populi
Romani secuti sumus, a nobis omnia populo Romano semper et belli adiumenta et pacis ornamenta ministrata sunt.'
Multum vero haec iis iura profuerunt in istius imperio ac
potestate! (125) Vestros quondam nautas contra Carthaginem Scipio duxit, at nunc navem contra praedones paene inanem Cleomenes ducit; vobiscum Africanus hostium spolia et
praemia laudis communicavit, at nunc, per *Verrem* spoliati,
nave a praedonibus abducta, ipsi in hostium loco numeroque
ducimini. Quid vero? illa Segestanorum non solum litteris
tradita neque commemorata verbis, sed multis officiis illorum usurpata et comprobata cognatio quos tandem fructus
huiusce necessitudinis in istius imperio tulit? Nempe hoc
iure fuit, iudices, ut ex sinu patriae nobilissimus adulescens
istius carnifici Sextio dederetur. Cui civitati maiores nostri
maximos agros atque optimos concesserunt, quam immunem esse voluerunt, haec apud te cognationis fidelitatis vetustatis auctoritatis ne hoc quidem iuris obtinuit, ut unius
honestissimi atque innocentissimi civis mortem ac sanguinem deprecaretur.
48 (126) Quo confugient socii? quem implorabunt? qua spe
denique, ut vivere velint, tenebuntur, si vos eos deseretis? Ad

ken zu müssen,[121] die hat C. Verres in ruchlosem Frevel nicht nur ihrer Schmuckstücke, sondern auch ihrer vornehmsten Männer beraubt. Seht, was die Leute von Tyndaris so gern verkünden: »Wir zählen zu den siebzehn Gemeinden Siziliens[122]; wir haben uns niemals während aller Punischen und Sizilischen Kriege von der treuen Freundschaft mit dem römischen Volk abbringen lassen; von uns hat das römische Volk stets alle Hilfsmittel für den Krieg und alle Bedarfsgüter für den Frieden erhalten.« Wahrhaftig, diese Sonderrechte haben ihnen unter der Herrschaft und Amtsgewalt des Verres viel genützt! (125) Einst führte Scipio eure Seeleute[123] gegen Karthago; aber jetzt führt ein Kleomenes ein fast unbemanntes Schiff gegen die Räuber. Mit euch hat Africanus die den Feinden abgenommene Beute und den Lohn der ruhmvollen Tat geteilt; doch jetzt seid ihr durch Verres ausgeplündert, euer Schiff wurde euch von den Räubern abgenommen, und ihr selbst werdet behandelt, als zähltet ihr zu den Feinden. Was weiter? Die Verwandtschaft der Segestaner, die nicht nur in Schriften überliefert und mit Worten verkündet, sondern auch in vielen ihrer Dienste wirksam geworden ist und sich bewährt hat – welche dieser engen Verbindung gemäßen Früchte hat sie denn während der Amtszeit des Verres hervorgebracht? Nun ja, sie erfreute sich eines solchen Vorrechts, ihr Richter, daß ein junger Mann von vornehmer Herkunft aus dem Schoß seiner Vaterstadt gerissen und dem Sextius, dem Henker des Verres, überantwortet wurde. Eine Gemeinde, der unsere Vorfahren die größten und besten Ackergebiete überlassen haben und die nach ihrem Willen abgabenfrei war, hat bei dir für ihre Verwandtschaft und Treue, für ihr Alter und Ansehen nicht einmal so viel Recht erhalten, daß sie den blutigen Tod eines einzigen hochangesehenen und ganz unschuldigen Bürgers durch Bitten abwenden konnte.

48 (126) Wo sollen die Bundesgenossen ihre Zuflucht nehmen, wen sollen sie anflehen? Welche Hoffnung sollen sie am Ende haben, die ihnen das Leben noch lebenswert macht, wenn ihr sie im Stich laßt? Sollen sie sich an den Senat wen-

senatumne venient? Quid? ut de Verre supplicium sumat? Non est usitatum, non senatorium. Ad populum Romanum confugient? Facilis est populi causa; legem enim se sociorum causa iussisse et vos eius legis custodes ac vindices praeposuisse dicet. Hic locus igitur est unus quo perfugiant, hic portus, haec arx, haec ara sociorum; quo quidem nunc non ita confugiunt ut antea in suis repetundis rebus solebant. Non argentum, non aurum, non vestem, non mancipia repetunt, non ornamenta quae ex urbibus fanisque erepta sunt; metuunt homines imperiti ne iam haec populus Romanus concedat et ita velit fieri. Patimur enim multos iam annos et silemus, cum videamus ad paucos homines omnis omnium nationum pecunias pervenisse. Quod eo magis ferre animo aequo et concedere videmur, quia nemo istorum dissimulat, nemo laborat ut obscura sua cupiditas esse videatur. (127) In urbe nostra pulcherrima atque ornatissima quod signum, quae tabula picta est quae non ab hostibus victis capta atque deportata sit? at istorum villae sociorum fidelissimorum plurimis et pulcherrimis spoliis ornatae refertaeque sunt. Ubi pecunias exterarum nationum esse arbitramini, quae nunc omnes egent, cum Athenas, Pergamum, Cyzicum, Miletum, Chium, Samum, totam denique Asiam, Achaiam, Graeciam, Siciliam tam in paucis villis inclusas esse videatis? Sed haec, ut dico, omnia iam socii vestri relinquunt et neglegunt, iudices. Ne publice a populo Romano spoliarentur officiis ac fide providerunt; paucorum cupiditati tum, cum obsistere non poterant, tamen sufficere aliquo modo poterant; nunc vero

den? Wie? Daß *er* den Verres bestrafe? Das ist nicht üblich, nicht Sache des Senates. Sollen sie beim römischen Volk Zuflucht suchen? Leicht ist für das Volk die Entschuldigung; es wird nämlich sagen, es habe um der Bundesgenossen willen ein Gesetz verabschiedet und euch zu dessen Wächtern und Schützern eingesetzt. Hier also ist die einzige Stelle, wo sie Zuflucht suchen können, hier der Hafen, hier die Burg, hier der Altar der Bundesgenossen. Jetzt suchen sie freilich nicht ebenso Zuflucht hier, wie sie diese früher bei ihren Klagen auf Schadensersatz für erpreßte Dinge zu suchen pflegten. Nicht Silber, nicht Gold, nicht Kleider, nicht Sklaven verlangen sie zurück, nicht die Kunstwerke, die man aus ihren Städten und Heiligtümern geraubt hat; die unkundigen Leute fürchten, auch das römische Volk erlaube bereits diese Dinge und lasse sie geschehen. Wir dulden sie nämlich schon viele Jahre und schweigen, obwohl wir sehen, daß an wenige Menschen alles Geld aller Völker gelangt ist. Es sieht aber um so mehr so aus, als ob wir dies gleichgültig hinnehmen und erlauben, weil niemand von diesen Leuten sein Tun verheimlicht, niemand sich bemüht, daß seine Habgier wenigstens nach außen verborgen bleibt. (127) Wo gibt es in unserer wunderschönen und so reich geschmückten Stadt ein Standbild, wo ein Gemälde, das nicht besiegten Feinden weggenommen und hierher gebracht worden wäre? Doch die Landhäuser jener Leute sind mit sehr vielen wunderschönen, den treuesten Bundesgenossen geraubten Dingen geschmückt und angefüllt. Wo, glaubt ihr, sind die Vermögenswerte der auswärtigen Völker, die jetzt alle verarmt sind, da ihr Athen, Pergamon, Kyzikos[124], Milet, Chios und Samos, mit einem Wort ganz Asien, Achaia[125], Griechenland und Sizilien in so wenigen Landhäusern eingeschlossen seht? Doch, wie gesagt, das alles lassen eure Bundesgenossen jetzt beiseite und beachten es nicht, ihr Richter. Daß das römische Volk sie nicht von Staats wegen ausplünderte, dafür haben sie durch ihre treuen Dienste gesorgt; der Habgier einiger weniger vermochten sie sich seiner Zeit zwar nicht zu widersetzen, konnten ihr aber doch wenigstens einigermaßen Ge-

iam adempta est non modo resistendi verum etiam suppeditandi facultas. Itaque res suas neglegunt; pecunias, quo nomine iudicium hoc appellatur, non repetunt, relinquunt; hoc iam ornatu ad vos confugiunt. (128) Aspicite, aspicite, iudices, squalorem sordisque sociorum!

49 Sthenius hic Thermitanus cum hoc capillo atque veste, domo sua tota expilata, mentionem tuorum furtorum non facit; sese ipsum abs te repetit, nihil amplius; totum enim tua libidine et scelere ex sua patria, in qua multis virtutibus ac beneficiis princeps fuit, sustulisti. Dexo hic, quem vides, non quae publice Tyndaride, non quae privatim sibi eripuisti, sed unicum miser abs te filium optimum atque innocentissimum flagitat; non ex litibus aestimatis tuis pecuniam domum, sed ex tua calamitate cineri atque ossibus fili sui solacium vult aliquod reportare. Hic tam grandis natu Eubulida hoc tantum exacta aetate laboris itinerisque suscepit, non ut aliquid de suis bonis recuperaret, sed ut, quibus oculis cruentas cervices fili sui viderat, isdem te condemnatum videret. (129) Si per L. Metellum licitum esset, iudices, matres illorum miserorum sororesque veniebant; quarum una, cum ego ad Heracleam noctu accederem, cum omnibus matronis eius civitatis et cum multis facibus mihi obviam venit, et ita, – me suam salutem appellans, te suum carnificem nominans, fili nomen implorans, – mihi ad pedes misera iacuit quasi ego eius excitare ab inferis filium possem. Faciebant hoc itidem ceteris in civitatibus grandes natu matres et item parvi liberi miserorum; quorum utrumque aetas labo-

nüge tun. Jetzt aber ist ihnen nicht nur die Möglichkeit genommen, Widerstand zu leisten, sondern auch die Fähigkeit, den Forderungen nachzukommen. Daher kümmern sie sich nicht um ihren Besitz; die erpreßten Gelder, nach denen dieser Gerichtshof benannt ist,[126] fordern sie nicht zurück, lassen sie unbeachtet; jetzt nehmen sie in diesem Aufzuge zu euch ihre Zuflucht. (128) Seht, seht, ihr Richter, die schäbige Trauerkleidung der Bundesgenossen!

49 Sthenius aus Thermai hier will mit dieser Haartracht und Kleidung, obwohl man sein ganzes Haus ausgeplündert hat, nicht an deine Diebereien erinnern; sich selbst verlangt er von dir zurück, nichts weiter; denn du hast ihn durch deine verbrecherische Willkür ganz aus seiner Heimat vertrieben, wo er wegen vieler Verdienste und Wohltaten einer der ersten war.[127] Hier seht ihr den Dexon: nicht, was du der Gemeinde Tyndaris, nicht, was du ihm persönlich geraubt hast, sondern den einzigen, vorzüglichen und ganz unschuldigen Sohn fordert der Unglückliche von dir zurück; er will nicht Geld von der dir auferlegten Entschädigungssumme mit sich nach Hause nehmen, sondern möchte aus deiner Vernichtung der Asche und den Gebeinen seines Sohnes einigen Trost zurückbringen. Hier ist der hochbetagte Eubulidas: er hat am Ende seines Lebens diese weite und mühevolle Reise auf sich genommen, nicht um etwas von seinem Hab und Gut wiederzuerlangen, sondern um mit denselben Augen, mit denen er den blutigen Nacken seines Sohnes gesehen hat, dich als Verurteilten zu sehen. (129) Wenn L. Metellus es gestattet hätte, ihr Richter, wären auch die Mütter und Schwestern jener Unglücklichen gekommen.[128] Eine von ihnen kam mir, als ich mich nachts Herakleia näherte, mit allen Frauen dieser Stadt und mit vielen Fackeln entgegen, und indem sie mich als ihren Retter begrüßte, dich ihren Henker nannte und den Namen ihres Sohnes unter Tränen anrief, warf sich die Unglückliche mir zu Füßen, als ob ich ihren Sohn aus der Unterwelt heraufrufen könnte. In den anderen Gemeinden taten die bejahrten Mütter dasselbe und ebenso die kleinen Kinder der Unglücklichen; beide,

rem et industriam meam, fidem et misericordiam vestram requirebat. (130) Itaque ad me, iudices, hanc querimoniam praeter ceteras Sicilia detulit; lacrimis ego huc, non gloria inductus accessi, ne falsa damnatio, ne carcer, ne catenae, ne verbera, ne secures, ne cruciatus sociorum, ne sanguis innocentium, ne denique etiam exsanguia corpora mortuorum, ne maeror parentum ac propinquorum magistratibus nostris quaestui posset esse. Hunc ego si metum Siciliae damnatione istius per vestram fidem et veritatem deiecero, iudices, satis officio meo, satis illorum voluntati qui a me hoc petiverunt factum esse arbitrabor.

50 (131) Quapropter si quem forte inveneris qui hoc navale crimen conetur defendere, is ita defendat *ut* illa communia quae ad causam nihil pertinent praetermittat, me culpae fortunam adsignare, calamitatem crimini dare, me amissionem classis obicere, cum multi viri fortes in communi incertoque periculo belli et terra et mari saepe offenderint. Nullam tibi obicio fortunam, nihil est quod ceterorum res minus commode gestas proferas, nihil est quod multorum naufragia fortunae colligas. Ego navis inanis fuisse dico, remiges nautasque dimissos, reliquos stirpibus vixisse palmarum; praefuisse classi populi Romani Siculum, perpetuo sociis atque amicis Syracusanum; te illo tempore ipso superioribusque diebus omnibus in litore cum mulierculis perpotasse dico; harum rerum omnium auctores testisque produco. (132) Num tibi insultare in calamitate, num intercludere perfugia fortunae,

Alte und Junge, forderten mich zu angespanntem und zielbe-
wußtem Handeln, euch zu Pflichtgefühl und Mitleid auf.
(130) Deshalb hat mir Sizilien vor allem *diese* Klage übertragen, ihr Richter; Tränen, nicht Ruhmsucht haben mich veranlaßt, hier aufzutreten: nicht Fehlurteile, nicht Kerkerhaft,
nicht Ketten, nicht Peitschenhiebe, nicht Beile, nicht die Folterungen der Bundesgenossen, nicht das Blut Unschuldiger,
schließlich auch nicht die entseelten Leichname der Verstor-
benen und nicht die Trauer der Eltern und Verwandten dürfen unseren Beamten als Erwerbsquelle dienen. Wenn ich
Sizilien durch die Verurteilung des Verres mit Hilfe eurer
Pflichttreue und Wahrheitsliebe von dieser Furcht befreie,
ihr Richter, dann werde ich glauben, daß meiner Pflicht, daß
dem Wunsche derer, die mich darum gebeten haben, hinreichend Genüge geschehen ist.

50 (131) Wenn du daher etwa jemanden finden solltest, der
den Vorwurf wegen der Schiffe abzuwenden sucht, dann
weise er ihn so zurück, daß er jene Gemeinplätze, die nichts
mit der Sache zu tun haben, beiseite läßt: ich rechnete dir
einen Zufall als Schuld an, ich lastete dir ein Unglück als Verbrechen an, ich machte dir den Verlust der Flotte zum Vorwurf, obwohl doch viele tüchtige Männer oft in der allgemeinen und unberechenbaren Kriegsgefahr zu Lande und zu
Wasser zu Schaden gekommen seien. Ich werfe dir kein Mißgeschick vor; es besteht kein Grund, daß du weniger glück-
liche Taten anderer vorbringst, es besteht kein Grund auf-
zuzählen, wie vieler Glück Schiffbruch erlitten hat. Ich
behaupte, die Schiffe seien unbemannt, die Ruderer und Seeleute beurlaubt gewesen, die übrigen hätten sich von Palmenwurzeln ernährt; befehligt habe die Flotte des römischen
Volkes ein Sizilier, unsere ständigen Bundesgenossen und
Freunde ein Syrakusaner; du habest zu eben dieser Zeit und
an allen vorhergehenden Tagen mit deinen Frauenzimmern
am Strand gezecht, sage ich; für alle diese Tatsachen bringe
ich Gewährsleute und Zeugen bei. (132) Sieht es da etwa so
aus, als wollte ich auf dir in deinem Unglück herumtrampeln,
dir die Ausflucht eines Mißgeschickes abschneiden, dir die

num casus bellicos exprobrare aut obicere videor? Tametsi solent ii fortunam sibi obici nolle qui se fortunae commiserunt, qui in eius periculis sunt ac varietate versati. Istius quidem calamitatis tuae fortuna particeps non fuit. Homines enim in proeliis, non in conviviis belli fortunam periclitari solent; in illa autem calamitate non Martem fuisse communem, sed Venerem possumus dicere. Quodsi fortunam tibi obici non oportet, cur tu fortunae illorum innocentium veniam ac locum non dedisti?

(133) Etiam illud praecidas licet, te, quod supplicium more maiorum sumpseris securique percusseris, idcirco a me in crimen et in invidiam vocari. Non in supplicio crimen meum vertitur; non ego nego securi quemquam feriri debere, non ego metum ex re militari, non severitatem imperi, non poenam flagiti tolli dico oportere; fateor non modo in socios sed etiam in civis militesque nostros persaepe esse severe ac vehementer vindicatum. **51** Quare haec quoque praetermittas licet. Ego culpam non in nauarchis sed in te fuisse demonstro, te pretio remiges militesque dimisisse arguo. Hoc nauarchi reliqui dicunt, hoc Netinorum foederata civitas publice dicit, hoc Amestratini, hoc Herbitenses, hoc Hennenses, Agyrinenses, Tyndaritani publice dicunt, tuus denique testis, tuus imperator, tuus aemulus, tuus hospes Cleomenes hoc dicit, sese in terram esse egressum ut Pachyno e terrestri praesidio milites colligeret, quos in navibus conlocaret; quod certe non fecisset si suum numerum naves haberent; ea est enim ratio instructarum ornatarumque navium ut non modo

Zufälle des Krieges vorhalten und zum Vorwurf machen? Indes, pflegen *die* Männer sich nicht gern den Zufall vorhalten zu lassen, die sich dem Zufall anvertraut, die seine Gefahren und seine Launenhaftigkeit erfahren haben. An deinem Unglück jedenfalls ist der Zufall nicht beteiligt gewesen. Denn Männer pflegen in Schlachten, nicht bei Zechgelagen das Kriegsglück zu erproben. Doch bei jenem Unglück, können wir sagen, war nicht Mars, sondern Venus allen gemein.[129] Wenn man also dir ein Mißgeschick nicht zum Vorwurf machen soll, warum hast du dem Mißgeschick jener Unschuldigen nicht Nachsicht und Verständnis entgegengebracht?

(133) Auch das kannst du dir sparen, du habest die Strafe nach der Sitte der Vorfahren verhängt und mit dem Beil vollzogen und werdest nun deshalb von mir angeklagt und in Mißkredit gebracht. Nicht gegen die Bestrafung an sich richtet sich mein Vorwurf; nicht behaupte ich, daß niemand mit dem Beil hingerichtet werden dürfe, nicht sage ich, daß man die Angst vor der Kriegszucht, die Strenge der Befehlsgewalt, die Strafe für schändliches Verhalten beseitigen müsse. Ich gebe zu, daß nicht nur die Bundesgenossen, sondern auch unsere Bürger und Soldaten sehr oft streng und hart bestraft worden sind. 51 Deshalb magst du auch das beiseite lassen. Ich weise darauf hin, daß die Schuld nicht bei den Schiffskommandanten, sondern bei dir gelegen hat, ich beweise, daß du für Geld die Ruderer und Soldaten beurlaubt hast. Das sagen die noch am Leben gebliebenen Schiffskommandanten, das sagt von Amts wegen die verbündete Gemeinde der Netiner, das sagen von Amts wegen die Leute aus Amestratos, die aus Herbita, die aus Henna, Agyrion und Tyndaris[130]; dein Zeuge endlich, dein Befehlshaber, dein Nebenbuhler, dein Gastfreund Kleomenes sagt folgendes: er sei an Land gegangen, um vom Pachynos, dem Landstützpunkt, Soldaten zu holen, die er auf die Schiffe verlegen wollte; das hätte er bestimmt nicht getan, wenn die Schiffe die richtige Zahl an Leuten gehabt hätten; denn der Zustand vollständig ausgerüsteter und bemannter Schiffe ist so, daß nicht einmal

plures sed ne singuli quidem possint accedere. (134) Dico praeterea illos ipsos reliquos nautas fame atque inopia rerum omnium confectos fuisse ac perditos; dico aut omnis extra culpam fuisse, aut, si uni attribuenda culpa sit, in eo maximam fuisse qui optimam navem, plurimos nautas haberet, summum imperium obtineret, aut, si omnes in culpa fuerint, non oportuisse Cleomenen constitui spectatorem illorum mortis atque cruciatus; dico etiam in ipso supplicio mercedem lacrimarum, mercedem vulneris atque plagae, mercedem funeris ac sepulturae constitui nefas fuisse. (135) Quapropter si mihi respondere voles haec dicito, classem instructam atque ornatam fuisse, nullum propugnatorem afuisse, nullum vacuum tractum esse remum, rem frumentariam esse suppeditatam; mentiri nauarchos, mentiri tot tam gravis civitates, mentiri etiam Siciliam totam; proditum esse te a Cleomene, qui se dixerit exisse in terram ut Pachyno deduceret milites; animum illis, non copias defuisse; Cleomenem acerrime pugnantem ab iis relictum esse atque desertum; nummum ob sepulturam datum nemini. Quae si dices, tenebere; sin alia dices, ea quae a me dicta sunt non refutabis.

52 (136) Hic tu etiam dicere audebis, 'Est in iudicibus ille familiaris meus, est paternus amicus ille.' Non ut quisque maxime est quicum tibi aliquid sit, ita te in huiusce modi crimine maxime eius pudet? 'Paternus amicus est.' Ipse pater si iudicaret, per deos immortalis, quid facere posset? Cum tibi haec diceret, 'Tu in provincia populi Romani praetor, cum

jeweils *ein* Mann, geschweige denn mehrere dazukommen können. (134) Ich behaupte außerdem, daß die restlichen Seeleute ihrerseits durch Hunger und Mangel an allem geschwächt und erschöpft waren; ich behaupte, daß entweder alle ohne Schuld gewesen seien oder daß die Schuld, wenn man sie einem einzigen beimessen müsse, zum größten Teil bei dem gelegen habe, der das beste Schiff, der die meisten Seeleute hatte, der den Oberbefehl ausübte, oder daß man, wenn alle schuldig gewesen seien, nicht den Kleomenes als Zuschauer bei der Hinrichtung und Folterung der anderen hätte dastehen lassen dürfen. Ich behaupte auch, es sei frevelhaft gewesen, sogar bei dieser Bestrafung einen Preis für die Tränen, einen Preis für die schmerzende Wunde und den Todesstreich, einen Preis für die Leiche und die Bestattung festzusetzen. (135) Wenn du mir daher antworten willst, solltest du folgendes sagen: die Flotte sei vollständig ausgerüstet und bemannt gewesen, kein Soldat habe gefehlt, kein Ruder sei unbesetzt mitgeschleppt worden, und Verpflegung sei reichlich vorhanden gewesen; erlogen sei, was die Kommandanten, erlogen, was so viele und so gewichtige Gemeinden, erlogen selbst, was ganz Sizilien sage; Kleomenes habe dich verraten, indem er behauptete, er sei an Land gegangen, um vom Pachynos Soldaten zu holen; an Mut habe es den Leuten gefehlt, nicht an Truppen; Kleomenes sei im hitzigsten Kampf von ihnen verlassen und preisgegeben worden; für das Begräbnis sei niemandem ein Heller gezahlt worden. Wenn du das behauptest, wirst du überführt werden; wenn du aber etwas anderes sagst, wirst du meine Behauptungen nicht widerlegen können.

52 (136) Wirst du jetzt auch noch zu sagen wagen: »Unter den Richtern ist der mein Kamerad[131], der ein Freund meines Vaters ist.«? Mußt du dich nicht, je enger die Beziehung ist, in der du zu jemandem stehst, bei einer solchen Anklage desto mehr vor ihm schämen? »Er ist ein Freund meines Vaters.« Wenn dein Vater selbst Richter wäre, bei den unsterblichen Göttern!, was könnte er tun? Wenn er dann so zu dir spräche: »Du hast als Prätor in einer Provinz des römi-

tibi maritimum bellum esset administrandum, Mamertinis ex foedere quam deberent navem per triennium remisisti, tibi apud eosdem privata navis oneraria maxima publice est aedificata, tu a civitatibus pecunias classis nomine coegisti, tu pretio remiges dimisisti, tu, navis cum esset ab quaestore et ab legato capta praedonum, archipiratam ab oculis omnium removisti, tu, qui cives Romani esse dicerentur, qui a multis cognoscerentur, securi ferire potuisti, tu tuam domum piratas abducere, tu in iudicium archipiratam domo producere ausus es, tu in provincia tam splendida, (137) tu apud socios fidelissimos, civis Romanos honestissimos, in metu periculoque provinciae dies continuos compluris in litore conviviisque iacuisti, te per eos dies nemo tuae domi convenire, nemo in foro videre potuit, tu sociorum atque amicorum ad ea convivia matres familias adhibuisti, tu inter eius modi mulieres praetextatum tuum filium, nepotem meum, conlocavisti, ut aetati maxime lubricae atque incertae exempla nequitiae parentis vita praeberet, tu praetor in provincia cum tunica pallioque purpureo visus es, tu propter amorem libidinemque tuam imperium navium legato populi Romani ademisti, Syracusano tradidisti, tui milites in provincia Sicilia frugibus frumentoque caruerunt, tua luxurie atque avaritia classis populi Romani a praedonibus capta et incensa est; (138) post Syracusas conditas quem in portum numquam hostis accesserat, in eo te praetore primum piratae navigaverunt; neque

schen Volkes, der du doch für die Leitung eines Seekrieges verantwortlich warst, den Mamertinern drei Jahre hindurch das Schiff erlassen, das sie nach dem Bündnisvertrag zu stellen verpflichtet waren; du hast dir bei denselben Leuten ein riesiges Lastschiff für deinen eigenen Gebrauch auf öffentliche Kosten bauen lassen; du hast von den Gemeinden angeblich für die Flotte Geld eingetrieben; du hast für Geld Ruderer beurlaubt; du hast, als ein Quästor und ein Legat ein Seeräuberschiff erbeutet hatten, den Räuberhauptmann allen Blicken entzogen; du brachtest es fertig, Leute mit dem Beil hinzurichten, von denen man sagte, sie seien römische Bürger, und die vielen als solche bekannt waren; du hast es gewagt, Seeräuber in dein Haus wegzuschaffen, du hast dich erdreistet, den Räuberhauptmann aus deinem Hause vor Gericht zu bringen; du hast in einer so angesehenen Provinz, (137) du bei den treuesten Bundesgenossen und den ehrenhaftesten römischen Bürgern trotz der Bedrohung und Gefährdung der Provinz mehrere Tage hintereinander am Strand und bei Zechgelagen gelegen; dich konnte während dieser Tage niemand in deinem Haus antreffen, niemand auf dem Markt sehen; du hast die Ehefrauen unserer Bundesgenossen und Freunde zu diesen Gelagen hinzugezogen, du hast zwischen solchen Frauenzimmern deinen noch nicht erwachsenen Sohn, meinen Enkel, Platz nehmen lassen, damit seinem noch leicht verführbaren und wenig gefestigten Alter das Leben des Vaters ein Beispiel der Verkommenheit biete; du ließest dich als Prätor in der Provinz mit einer Tunika und einem Purpurumhang sehen; du hast wegen deiner Sinnenlust den Oberbefehl über die Schiffe einem Legaten des römischen Volkes entzogen und einem Syrakusaner übertragen; deine Soldaten litten in der Provinz Sizilien Mangel an Lebensmitteln und Korn; deine Genußsucht und Habgier sind schuld daran, daß eine Flotte des römischen Volkes von Räubern gekapert und in Brand gesteckt worden ist; (138) im Hafen von Syrakus, in den seit Gründung der Stadt niemals ein Feind eingedrungen war, dort fuhren während deiner Prätur zum ersten Mal Seeräuber umher; und

haec tot et tanta dedecora dissimulatione tua neque oblivione hominum ac taciturnitate tegere voluisti, sed etiam navium praefectos sine ulla causa de complexu parentum suorum, hospitum tuorum, ad mortem cruciatumque rapuisti, neque te in parentum luctu atque lacrimis mei nominis commemoratio mitigavit; tibi hominum innocentium sanguis non modo voluptati sed etiam quaestui fuit!' – 53 haec si tibi tuus parens diceret, posses ab eo veniam petere, posses ut tibi ignosceret postulare?

(139) Satis est factum Siculis, satis officio ac necessitudini, satis promisso nostro ac recepto. Reliqua est ea causa, iudices, quae iam non recepta sed innata, neque delata ad me sed in animo sensuque meo penitus adfixa atque insita est; quae non ad sociorum salutem, sed ad civium Romanorum, hoc est ad unius cuiusque nostrum, vitam et sanguinem pertinet. In qua nolite a me, quasi dubium sit aliquid, argumenta, iudices, exspectare: omnia quae dicam sic erunt inlustria ut ad ea probanda totam Siciliam testem adhibere possem. Furor enim quidam, sceleris et audaciae comes, istius effrenatum animum importunamque naturam tanta oppressit amentia ut numquam dubitaret in conventu palam supplicia, quae in convictos malefici servos constituta sunt, ea in civis Romanos expromere. (140) Virgis quam multos ceciderit quid ego commemorem? Tantum brevissime, iudices, dico: nullum fuit omnino civitatis isto praetore in hoc genere discrimen. Itaque iam consuetudine ad corpora civium Romanorum etiam sine istius nutu ferebatur manus ipsa lictoris.

54 Num potes hoc negare, Verres, in foro Lilybaei maximo

diese vielen und großen Schandtaten hast du nicht zudecken wollen, indem du sie verheimlichtest und die Leute sie vergaßen oder verschwiegen, sondern du hast sogar die Schiffskommandanten ohne jeden Grund aus den Armen ihrer Eltern, deiner Gastfreunde, gerissen und einem qualvollen Tod überantwortet; und bei der Trauer und den Tränen der Eltern hat dich die Erwähnung meines Namens nicht milder gestimmt; dir hat das Blut unschuldiger Menschen nicht nur Vergnügen, sondern auch Gewinn beschert!« – 53 Wenn dein Vater so zu dir spräche, könntest du ihn dann um Nachsicht bitten, könntest du verlangen, daß er dir verzeiht?

(139) Genüge getan ist den Siziliern, Genüge meiner Pflicht und engen Beziehung zu ihnen, Genüge meinem Versprechen und der von mir übernommenen Aufgabe. Übrig bleibt bei diesem Fall noch etwas, ihr Richter, dessen ich mich nicht erst angenommen habe, sondern das mir angeboren und das mir nicht übertragen, sondern in meinem Denken und Fühlen tief und fest verankert ist; das nicht das Heil der Bundesgenossen, sondern Leib und Leben der römischen Bürger, das heißt eines jeden von uns betrifft. Erwartet hierbei nicht Beweise von mir, als ob irgend etwas zweifelhaft wäre, ihr Richter; alles, was ich sagen will, ist so bekannt, daß ich zum Beweis ganz Sizilien als Zeugen heranziehen könnte. Denn eine Art von Tobsucht, die mit Boshaftigkeit und Frechheit einhergeht, hat den zügellosen Sinn und die brutale Wesensart des Verres mit solchem Wahnsinn geschlagen, daß er nie Bedenken hatte, in öffentlicher Bezirksversammlung über römische Bürger die Strafen zu verhängen, die für die eines Verbrechens überführten Sklaven festgesetzt sind. (140) Wie viele er mit Ruten schlagen ließ – weshalb soll ich mich dazu äußern? Nur ganz kurz will ich dazu sagen, ihr Richter: das Bürgerrecht bedingte während der Prätur des Verres in dieser Hinsicht überhaupt keinen Unterschied.[132] Und so vergriff sich die Hand des Liktors von sich aus schon gewohnheitsmäßig, auch ohne einen Wink des Verres, an der Person der römischen Bürger.

54 Kannst du etwa leugnen, Verres, daß auf dem Marktplatz

conventu C. Servilium, civem Romanum e conventu Panhormitano, veterem negotiatorem, ad tribunal ante pedes tuos ad terram virgis et verberibus abiectum? Aude hoc primum negare, si potes; nemo Lilybaei fuit quin viderit, nemo in Sicilia quin audiverit. Plagis confectum dico a lictoribus tuis civem Romanum ante oculos tuos concidisse. (141) At quam ob causam, di immortales! tametsi iniuriam facio communi causae et iuri civitatis; quasi enim ulla possit esse causa cur hoc cuiquam civi Romano iure accidat, ita quaero quae in Servilio causa fuerit. Ignoscite in hoc uno, iudices; in ceteris enim non magnopere causas requiram. Locutus erat liberius de istius improbitate atque nequitia. Quod isti simul ac renuntiatum est, hominem iubet Lilybaeum vadimonium Venerio servo promittere. Promittit; Lilybaeum venitur. Cogere eum coepit, cum ageret nemo, nemo postularet, sponsionem mille nummum facere cum lictore suo, 'Ni furtis quaestum faceret.' Recuperatores se de cohorte sua dicebat daturum. Servilius et recusare et deprecari ne iniquis iudicibus nullo adversario iudicium capitis in se constitueretur. (142) Haec cum maxime loqueretur, sex lictores circumsistunt valentissimi et ad pulsandos verberandosque homines exercitatissimi, caedunt acerrime virgis; denique proximus lictor, de quo iam saepe dixi, Sextius, converso baculo

von Lilybaeum vor einer großen Volksmenge der römische Bürger C. Servilius aus dem Bezirk von Panormos, ein alteingesessener Geschäftsmann, vor deinem Richterstuhl, vor deinen Füßen durch Rutenhiebe zu Boden gestreckt wurde? Wage dieses erste Vergehen zu bestreiten, wenn du kannst; es gab in Lilybaeum keinen Menschen, der es nicht gesehen, keinen in Sizilien, der davon nicht gehört hätte. Von deinen Liktoren mit Schlägen übel zugerichtet, brach, behaupte ich, ein römischer Bürger vor deinen Augen zusammen. (141) Doch aus welchem Grund, ihr unsterblichen Götter! Indes, es ist nicht recht, was ich angesichts unseres gemeinsamen Status und des Rechts des Bürgers tue: ich frage nämlich, was für ein Grund bei Servilius vorgelegen habe, als ob es irgendeinen Grund geben könnte, weshalb man einem römischen Bürger so etwas zu Recht antut. Verzeiht mir in diesem einen Fall, ihr Richter; bei den übrigen werde ich nämlich nicht mehr groß nach den Gründen fragen. Servilius hatte sich zu freimütig über die Unredlichkeit und Niedertracht des Verres ausgesprochen; sobald dem das berichtet worden war, befiehlt er dem Mann, einem Venussklaven sein Erscheinen vor Gericht in Lilybaeum zu versprechen.[133] Dieser verspricht es, man kommt nach Lilybaeum. Obwohl niemand Klage erhob, niemand eine Forderung stellte, schickte sich Verres an, ihn zu zwingen, er solle mit einem seiner Liktoren eine Prozeßwette in Höhe von tausend Sesterzen abschließen, daß er sich nicht durch Diebereien bereichere.[134] Die Richter, sagte er, werde ich aus seinem Gefolge stellen. Servilius erhob Einspruch und bat, man möge nicht vor befangenen Richtern und ohne daß ein Gegner vorhanden sei[135] ein gerichtliches Verfahren gegen ihn einleiten, in dem seine bürgerliche Existenz gefährdet sei. (142) Während er noch sprach, umringen ihn sechs Liktoren[136], sehr kräftige Männer, die im Durchprügeln und Auspeitschen von Menschen äußerst geübt waren, und schlagen sehr heftig mit Peitschen auf ihn ein; schließlich drehte der ranghöchste Liktor[137], über den ich schon oft gesprochen habe, der Sextius, seinen Stock um und begann dem Armen

oculos misero tundere vehementissime coepit. Itaque ille, cum sanguis os oculosque complesset, concidit, cum illi nihilo minus iacenti latera tunderent, ut aliquando spondere se diceret. Sic ille adfectus illim tum pro mortuo sublatus perbrevi postea est mortuus. Iste autem homo Venerius, adfluens omni lepore ac venustate, de bonis illius in aede Veneris argenteum Cupidinem posuit. Sic etiam fortunis hominum abutebatur ad nocturna vota cupiditatum suarum.

55 (143) Nam quid ego de ceteris civium Romanorum suppliciis singillatim potius quam generatim atque universe loquar? Carcer ille qui est a crudelissimo tyranno Dionysio factus Syracusis, quae lautumiae vocantur, in istius imperio domicilium civium Romanorum fuit. Ut quisque istius animum aut oculos offenderat, in lautumias statim coniciebatur. Indignum hoc video videri omnibus, iudices, et id iam priore actione, cum haec testes dicerent, intellexi. Retineri enim putatis oportere iura libertatis non modo hic ubi tribuni plebis sunt, ubi ceteri magistratus, ubi forum plenum iudiciorum, ubi senatus auctoritas, ubi existimatio populi Romani et frequentia, sed ubicumque terrarum et gentium violatum ius civium Romanorum sit, statuitis id pertinere ad communem causam libertatis et dignitatis. (144) In externorum hominum maleficorum sceleratorumque, in praedonum hostiumque custodias tu tantum numerum civium Romanorum includere ausus es? Numquamne tibi undici, numquam contionis, numquam huius tantae frequentiae, quae nunc te animo iniquissimo infestissimoque intuetur, venit in mentem? numquam tibi populi Romani absentis dignitas, num-

mit größter Brutalität ins Gesicht zu schlagen. Da brach er zusammen, während ihm das Blut über das Gesicht und die Augen strömte; dennoch gaben ihm die Liktoren, obwohl er auf dem Boden lag, Schläge in die Seiten, damit er sich endlich bereit erkläre, die Prozeßwette abzuschließen. So zugerichtet, wurde er damals für tot fortgetragen; ganz kurz darauf ist er gestorben. Doch unser Venusmann da[138], überströmend von lauter feiner Lebensart und Liebenswürdigkeit, ließ von dem Geld des Servilius im Tempel der Venus einen silbernen Cupido aufstellen. So mißbrauchte er sogar das Vermögen anderer Menschen, um die nächtlichen Gelübde für seine Begierden zu erfüllen.[139]

55 (143) Doch was soll ich über die anderen gegen römische Bürger verhängten Strafen im einzelnen sprechen und nicht vielmehr im ganzen und allgemeinen? Das Gefängnis, das der allergrausamste Tyrann Dionysios[140] in Syrakus gebaut hat, die sogenannten Steinbrüche, war während der Amtszeit des Verres die Wohnstätte römischer Bürger.[141] Sooft jemand sein Gefühl oder seine Augen verletzte, wurde er gleich in die Steinbrüche geworfen. Empörend kommt das, wie ich sehe, allen vor, ihr Richter; das habe ich schon in der ersten Verhandlung gemerkt, als die Zeugen darüber aussagten. Ihr seid nämlich der Meinung, die Freiheitsrechte müßten nicht nur hier gewahrt werden, wo die Volkstribunen[142], wo die übrigen Beamten sind, wo das Forum voll von Gerichten ist, wo das Ansehen des Senates, wo die Meinung des römischen Volkes und seine große Zahl Gewicht haben, sondern in welchem Land auch immer und bei welchem Volk das Recht römischer Bürger verletzt wird, dort, so betont ihr, betreffe das die gemeinsame Sache der Freiheit und der Ehre. (144) In das Gefängnis für auswärtige Übeltäter und Verbrecher, für Räuber und Feinde eine so große Zahl römischer Bürger einzusperren hast du dich erdreistet? Ist dir nie das Gericht, nie die Volksversammlung, nie die große Volksmenge hier in den Sinn gekommen, die dich jetzt mit dem größten Widerwillen und der größten Feindseligkeit ansieht? Hat dir nie die Hoheit des fernen römischen Volkes,

quam species ipsa huiusce multitudinis in oculis animoque
versata est? numquam te in horum conspectum rediturum,
numquam in forum populi Romani venturum, numquam
sub legum et iudiciorum potestatem casurum esse duxisti?
56 (145) At quae erat ista libido crudelitatis exercendae, quae
tot scelerum suscipiendorum causa? Nulla, iudices, praeter
praedandi novam singularemque rationem. Nam ut illi quos
a poetis accepimus, qui sinus quosdam obsedisse maritimos
aut aliqua promunturia aut praerupta saxa tenuisse dicuntur,
ut eos qui essent adpulsi navigiis interficere possent, sic iste
in omnia maria infestus ex omnibus Siciliae partibus immi-
nebat. Quaecumque navis ex Asia, quae ex Syria, quae Tyro,
quae Alexandria venerat, statim certis indicibus et custodi-
bus tenebatur; vectores omnes in lautumias coniciebantur,
onera atque merces in praetoriam domum deferebantur. Versabatur in Sicilia longo intervallo alter non Dionysius ille nec
Phalaris, – tulit enim illa quondam insula multos et crudelis tyrannos, – sed quoddam novum monstrum ex vetere
illa immanitate quae in isdem locis versata esse dicitur.
(146) Non enim Charybdim tam infestam neque Scyllam
nautis quam istum in eodem freto fuisse arbitror; hoc etiam
iste infestior, quod multo se pluribus et immanioribus cani-
bus succinxerat, Cyclops alter multo importunior; hic enim
totam insulam obsidebat, ille Aetnam solam et eam Siciliae
partem tenuisse dicitur.
At quae causa tum subiciebatur ab ipso, iudices, huius tam
nefariae crudelitatis? Eadem quae nunc in defensione com-
memorabitur. Quicumque accesserant ad Siciliam paulo ple-
niores, eos Sertorianos milites esse atque a Dianio fugere
dicebat. Illi ad deprecandum periculum proferebant alii pur-

nie das Bild dieser Volksmenge selbst vor deinem geistigen Auge gestanden? Hast du geglaubt, du werdest nie wieder vor die Augen dieser Leute hier zurückkehren, nie mehr auf das Forum des römischen Volkes kommen, nie unter die Macht der Gesetze und Gerichte geraten?

56 (145) Doch was war das für eine Sucht, Grausamkeiten zu begehen, was der Grund, sich mit so vielen Verbrechen zu belasten? Kein anderer, ihr Richter, als der, sich auf eine neue und beispiellose Weise zu bereichern. Denn wie jene, von denen wir durch die Dichter vernommen haben, die, wie es heißt, in irgendwelchen Meeresbuchten auf der Lauer lagen oder irgendwelche Vorgebirge oder steile Felsen besetzt hielten, um die, welche mit ihren Schiffen landeten, töten zu können,[143] so bedrohte auch Verres feindselig alle Meere in allen Gegenden Siziliens. Jedes Schiff, das aus Asien, aus Syrien, aus Tyros, aus Alexandrien kam, wurde sofort von bestimmten Spionen und Aufpassern beschlagnahmt; die ganze Besatzung warf man in die Steinbrüche, Ladung und Waren brachte man in den Palast des Prätors. So hauste er nach langer Zwischenzeit in Sizilien nicht als ein zweiter Dionysios oder Phalaris[144] (diese Insel hat ja einst viele grausame Tyrannen hervorgebracht), sondern als ein ganz neues Ungeheuer von der Art jener Scheusale, die in alter Zeit an denselben Orten gehaust haben sollen. (146) Denn nicht die Charybdis noch die Skylla war in eben dieser Meerenge den Seeleuten so gefährlich, glaube ich, wie er – ja, er war um so gefährlicher, weil er sich mit viel mehr schrecklichen Hunden umgeben hatte; er war ein zweiter, noch viel grobschlächtigerer Zyklop; denn er beherrschte die ganze Insel, der Zyklop aber soll nur den Ätna und den dortigen Teil Siziliens in seiner Gewalt gehabt haben.[145]

Doch welchen Grund für diese so scheußliche Grausamkeit schob *er* damals vor, ihr Richter? Denselben, den man jetzt bei der Verteidigung vorbringen wird: alle, die mit etwas reicherer Ladung in Sizilien landeten, von denen sagte er, sie seien Soldaten des Sertorius und auf der Flucht aus Dianium.[146] Die aber zeigten ihm, um die Gefahr abzuwenden,

puram Tyriam, tus alii atque odores vestemque linteam, gemmas alii et margaritas, vina non nulli Graeca venalisque Asiaticos, ut intellegeretur ex mercibus quibus ex locis navigarent. Non providerant eas ipsas sibi causas esse periculi, quibus argumentis se ad salutem uti arbitrabantur. Iste enim haec eos ex piratarum societate adeptos esse dicebat; ipsos in lautumias abduci imperabat, navis eorum atque onera diligenter adservanda curabat. 57 (147) His institutis cum completus iam mercatorum carcer esset, tum illa fiebant quae L. Suettium, equitem Romanum, lectissimum virum, dicere audistis, et quae ceteros audietis. Cervices in carcere frangebantur indignissime civium Romanorum, ut iam illa vox et imploratio, 'Civis Romanus sum,' quae saepe multis in ultimis terris opem inter barbaros et salutem tulit, ea mortem illis acerbiorem et supplicium maturius ferret.

Quid est, Verres? quid ad haec cogitas respondere? num mentiri me, num fingere aliquid, num augere crimen? num quid horum dicere istis defensoribus tuis audes? Cedo mihi, quaeso, ex ipsius sinu litteras Syracusanorum, quas ipse ad arbitrium suum confectas esse arbitratur, cedo rationem carceris, quae diligentissime conficitur, quo quisque die datus in custodiam, quo mortuus, quo necatus sit. (148) LITTERAE SYRACUSANORUM. Videtis civis Romanos gregatim coniectos in lautumias, videtis indignissimo in loco coacervatam multitudinem vestrorum civium. Quaerite nunc vestigia quibus exitus eorum ex illo loco compareant. Nulla sunt. Omnesne mortui? Si ita posset defendere, tamen fides huic defensio-

teils syrischen Purpur, teils Weihrauch und wohlriechende Essenzen und Leinenstoffe, teils Edelsteine und Perlen, einige auch griechische Weine und asiatische Sklaven, damit man an den Waren erkenne, aus welchen Gegenden sie mit ihren Schiffen kamen. Sie hatten nicht vorausgesehen, daß gerade jene Dinge die Ursache der Gefahr für sie sein würden, die sie als Beweismittel für ihre Rettung verwenden zu können glaubten. Denn Verres erklärte, zu diesen Waren seien sie nur durch ihre Verbindung zu den Seeräubern gekommen; sie selbst befahl er in die Steinbrüche abzuführen, ihre Schiffe und Ladungen ließ er sorgfältig bewachen. 57 (147) Als sich durch diese Maßnahmen das Gefängnis schon ganz mit Kaufleuten gefüllt hatte, da geschah das, was ihr den römischen Ritter L. Suettius, einen ganz hervorragenden Mann, habt aussagen hören und was ihr noch von den anderen hören werdet. Römischen Bürgern wurde im Gefängnis auf empörende Weise das Genick gebrochen, so daß gerade der laute Hilferuf »Ich bin ein römischer Bürger«, der schon oft vielen in den fernsten Ländern unter Barbaren Hilfe und Rettung gebracht hat, ihnen nur einen bitteren Tod und eine eiligere[147] Hinrichtung bescherte.

Was ist nun, Verres? Was gedenkst du hierauf zu antworten? Etwa, daß ich lüge, daß ich mir etwas ausdenke, daß ich deine Verbrechen übertreibe? So etwas wagst du doch wohl nicht einmal zu deinen Verteidigern zu sagen? Lies[148] mir doch bitte die Aufzeichnungen der Syrakusaner vor, die aus seiner eigenen Tasche stammen, von denen er selbst glaubt, sie seien nach seinem Gutdünken verfaßt; lies das Gefängnisregister vor, das sehr sorgfältig geführt ist: an welchem Tage ein jeder in die Haft eingeliefert, an welchem er gestorben, an welchem er hingerichtet ist. (148) – Die Aufzeichnungen der Syrakusaner. – Ihr seht: römische Bürger wurden haufenweise in die Steinbrüche geworfen; ihr seht: an dem unwürdigsten Ort wurde eine Menge eurer Mitbürger zusammengepfercht. Sucht jetzt Spuren, an denen sich erkennen läßt, daß sie aus diesem Ort herausgekommen sind. Es gibt keine. Sind sie alle gestorben? Selbst wenn er sich so rechtfertigen

ni non haberetur. Sed scriptum exstat in isdem litteris quod iste homo barbarus ac dissolutus neque attendere umquam neque intellegere potuit: ἐδικαιώθησαν, inquit, hoc est, ut Siculi loquuntur, supplicio adfecti ac necati sunt.

58 (149) Si qui rex, si qua civitas exterarum gentium, si qua natio fecisset aliquid in civis Romanos eius modi, nonne publice vindicaremus, nonne bello persequeremur? possemus hanc iniuriam ignominiamque nominis Romani inultam impunitamque dimittere? Quot bella maiores nostros et quanta suscepisse arbitramini, quod cives Romani iniuria adfecti, quod navicularii retenti, quod mercatores spoliati dicerentur? At ego iam retentos non queror, spoliatos ferendum puto; navibus, mancipiis, mercibus ademptis in vincla mercatores esse coniectos et in vinclis civis Romanos necatos esse arguo. (150) Si haec apud Scythas dicerem, non hic in tanta multitudine civium Romanorum, non apud senatores, lectissimos civitatis, non in foro populi Romani de tot et tam acerbis suppliciis civium Romanorum, tamen animos etiam barbarorum hominum permoverem; tanta enim huius imperi amplitudo, tanta nominis Romani dignitas est apud omnis nationes ut ista in nostros homines crudelitas nemini concessa esse videatur. Nunc tibi ego ullam salutem, ullum perfugium putem, cum te implicatum severitate iudicum, circumretitum frequentia populi Romani esse videam? (151) Si mehercule, id quod fieri non posse intellego, ex his te laqueis

könnte, würde man dieser Rechtfertigung dennoch keinen Glauben schenken. Doch in eben diesen Aufzeichnungen steht etwas geschrieben, was der ungebildete und nachlässige Mensch niemals zu beachten noch zu verstehen vermochte: edikaiōthēsan, heißt es, und das bedeutet in der Sprache der Sizilier: sie sind bestraft und getötet worden.[149]

58 (149) Wenn ein König, wenn ein auswärtiger Staat, wenn irgendein Volk gegen römische Bürger etwas Derartiges getan hätte, würden wir nicht von Staats wegen dagegen vorgehen, es nicht durch einen Krieg ahnden? Könnten wir eine solche Beleidigung und Beschimpfung des römischen Namens ungerächt und unbestraft hingehen lassen? Wie viele und wie schwere Kriege, glaubt ihr, haben unsere Vorfahren auf sich genommen, weil es hieß, daß römische Bürger ungerecht behandelt, daß Frachtschiffer zurückgehalten, daß Kaufleute ausgeraubt worden seien? Doch ich beschwere mich schon gar nicht mehr darüber, daß man Leute zurückgehalten hat; daß man sie ausgeraubt hat, halte ich für erträglich; doch daß man Kaufleute, nachdem man ihnen Schiffe, Sklaven und Waren weggenommen, ins Gefängnis geworfen und römische Bürger im Gefängnis hingerichtet hat, das rüge ich. (150) Wenn ich dies vor Skythen sagte, nicht hier vor einer so großen Menge römischer Bürger, nicht vor Senatoren, den angesehensten Männern im Staate, nicht auf dem Forum des römischen Volkes – wenn ich vielmehr vor jenen von so vielen und so schrecklichen Hinrichtungen römischer Bürger spräche, so würde ich gleichwohl auch die Herzen der Barbaren erschüttern. Denn so groß ist das Ansehen unseres Staates, so groß die Hochachtung vor dem römischen Namen bei allen Völkern, daß niemand glaubt, sich eine solche Grausamkeit gegen unsere Landsleute erlauben zu dürfen. Soll ich jetzt noch annehmen, daß es irgendeine Rettung, irgendeinen Ausweg für dich gibt, da ich sehe, daß du durch die Strenge der Richter gefesselt, durch das zahlreiche Erscheinen des römischen Volkes wie in einem Netz gefangen bist? (151) Wahrlich, wenn du dich (was ich aber als unmöglich ansehe) aus diesen Fesseln herausschälen und

exueris ac te aliqua via ac ratione explicaris, in illas tibi maiores plagas incidendum est in quibus te ab eodem me superiore ex loco confici et concidi necesse est.

Cui si etiam id quod defendit velim concedere, tamen ipsa illa falsa defensio non minus esse ei perniciosa quam mea vera accusatio debeat. Quid enim defendit? Ex Hispania fugientis se excepisse et supplicio adfecisse dicit. Quis tibi id permisit? quo iure fecisti? quis idem fecit? qui tibi id facere licuit? (152) Forum plenum et basilicas istorum hominum videmus, et animo aequo videmus; civilis enim dissensionis et seu amentiae seu fati seu calamitatis non est iste molestus exitus, in quo reliquos saltem civis incolumis licet conservare. Verres, ille vetus proditor consulis, translator quaesturae, aversor pecuniae publicae, tantum sibi auctoritatis in re publica suscepit ut, quibus hominibus per senatum, per populum Romanum, per omnis magistratus, in foro, in suffragiis, in hac urbe, in re publica versari liceret, iis omnibus mortem acerbam crudelemque proponeret si fortuna eos ad aliquam partem Siciliae detulisset. (153) Ad Cn. Pompeium, clarissimum virum et fortissimum, permulti occiso Perperna ex illo Sertoriano numero militum confugerunt. Quem non ille summo cum studio salvum incolumemque servavit? cui civi supplicanti non illa dextera invicta fidem porrexit et spem salutis ostendit? Itane vero? quibus fuit portus apud eum quem contra arma tulerant, iis apud te, cuius nullum in re publica momentum umquam fuit, mors et cruciatus erat constitutus? **59** Vide quam commodam defensionem excogi-

auf irgendeine Art und Weise befreien solltest, so gerätst du zwangsläufig in die stärkeren Netze, in denen du ebenfalls durch mich von einer höheren Stelle aus unausweichlich erledigt und vernichtet wirst.[150]

Selbst wenn ich ihm zugeben wollte, was er zu seiner Rechtfertigung anführt, so müßte doch selbst seine falsche Rechtfertigung nicht weniger verderblich für ihn sein als meine wahre Anschuldigung. Denn womit rechtfertigt er sich? Er habe, sagt er, Flüchtlinge aus Spanien eingefangen und hingerichtet. Wer hat dir das erlaubt? Mit welchem Recht hast du das getan? Wer hat das Gleiche getan? Wer hat dir erlaubt, das zu tun? (152) Das Forum und die Markthallen sehen wir voll von solchen Menschen, und wir sehen das mit Gleichmut; denn bei einem Bürgerzwist, er sei durch Wahnsinn, durch Schicksalsfügung oder einen unglücklichen Zufall entstanden, ist *der* Ausgang nicht ärgerlich, bei dem es möglich ist, wenigstens die übriggebliebenen Mitbürger unversehrt zu erhalten. Verres, der ehedem seinen Konsul verraten, als Quästor die Partei gewechselt, öffentliche Gelder unterschlagen hat,[151] maßte sich eine solche Machtstellung in unserem Staate an, daß er über die Menschen, denen es vom Senat, vom römischen Volk, von allen Beamten erlaubt war, sich auf dem Forum, bei den Wahlversammlungen, in dieser Stadt, in unserem Gemeinwesen frei zu bewegen, daß er über sie alle einen bitteren und grausamen Tod verhängte, wenn das Schicksal sie nach irgendeinem Ort Siziliens verschlagen hatte. (153) Zu dem hochberühmten und äußerst tüchtigen Cn. Pompeius flüchteten nach der Hinrichtung des Perpenna[152] sehr viele Soldaten aus dem Heer des Sertorius. Wen hat der nicht mit größter Bereitwilligkeit am Leben und unversehrt gelassen? Welchem Bürger, der um Gnade flehte, hat seine unbesiegte Rechte nicht Schutz gewährt und Hoffnung auf Sicherheit eröffnet? Kann man es wirklich glauben? Die bei dem einen Hafen fanden, gegen den sie die Waffen erhoben hatten, über die ist bei dir, der du noch nie in unserem Staat etwas gegolten hast, ein qualvoller Tod verhängt worden? **59** Sieh, was für eine passende Rechtfertigung du dir

taris! Malo mehercule id quod tu defendis his iudicibus
populoque Romano quam id quod ego insimulo probari,
malo, inquam, te isti generi hominum quam mercatoribus et
naviculariis inimicum atque infestum putari; meum enim
crimen avaritiae te nimiae coarguit, tua defensio furoris cuiusdam et immanitatis et inauditae crudelitatis et paene
novae proscriptionis.

(154) Sed non licet me isto tanto bono, iudices, uti, non licet.
Adsunt enim Puteoli toti; frequentissimi venerunt ad hoc
iudicium mercatores, homines locupletes atque honesti, qui
partim socios suos, partim libertos, partim conlibertos spoliatos in vincla coniectos, partim in vinclis necatos, partim
securi percussos esse dicunt. Hic vide quam me sis usurus
aequo. Cum ego P. Granium testem produxero qui suos
libertos abs te securi percussos esse dicat, qui abs te navem
suam mercesque repetat, refellito, si poteris; meum testem
deseram, tibi favebo, te, inquam, adiuvabo; ostendito illos
cum Sertorio fuisse, ab Dianio fugientis ad Siciliam esse dela-
tos. Nihil est quod te mallem probare; nullum enim facinus
quod maiore supplicio dignum sit reperiri neque proferri
potest. (155) Reducam iterum equitem Romanum, L. Fla-
vium, si voles, quoniam priore actione, – ut patroni tui dicti-
tant, nova quadam sapientia, ut omnes intellegunt, conscientia tua atque auctoritate meorum testium, – testem nullum
interrogasti. Interrogetur Flavius, si voles, quinam fuerit T.
Herennius, is quem ille argentariam Lepti fecisse dicit; qui
cum amplius centum civis Romanos haberet ex conventu

ausgedacht hast! Wahrlich, mir wäre es lieber, das, womit du dich rechtfertigst, erschiene den Richtern hier und dem römischen Volke glaubhaft und nicht das, dessen ich dich anklage; es wäre mir lieber, sage ich, man hielte dich für einen erbitterten Feind dieser Art von Menschen und nicht der Kaufleute und Frachtschiffer. Denn mein Vorwurf bezichtigt dich nur allzu großer Habgier, dein Rechtfertigungsgrund dagegen bezichtigt dich unmenschlicher Raserei und unerhörter Grausamkeit und fast einer neuen Ächtung[153].

(154) Doch ich darf mir diesen so vorteilhaften Umstand nicht zunutze machen, ihr Richter, ich darf es nicht. Denn ganz Puteoli[154] ist anwesend; in großer Zahl sind die Kaufleute zu dieser Gerichtsverhandlung erschienen, reiche und angesehene Männer, die erklären, daß teils ihre Geschäftspartner, teils ihre Freigelassenen, teils ihre Mitfreigelassenen ausgeraubt und ins Gefängnis geworfen und teils im Gefängnis getötet, teils mit dem Beil hingerichtet worden seien. Jetzt sieh, wie vorurteilslos ich mit dir verfahren will. Wenn ich den P. Granius als Zeugen vorführe, der behauptet, du habest seine Freigelassenen mit dem Beil hinrichten lassen, der von dir sein Schiff und seine Waren zurückverlangt, dann widerlege ihn, wenn du kannst: ich will auf meinen Zeugen verzichten, dich begünstigen, dich, sage ich, unterstützen; zeige, daß sie bei Sertorius gewesen und auf der Flucht von Dianium nach Sizilien verschlagen worden sind. Es gibt nichts, das ich lieber von dir bewiesen sehen möchte; denn keine Untat läßt sich ausdenken und vorbringen, die eine härtere Strafe verdiente. (155) Ich will noch einmal den römischen Ritter L. Flavius vorführen, wenn du willst, da du ja in der ersten Verhandlung – wie deine Anwälte behaupten, in einer neuen Art von Klugheit, wie indes alle durchschauen, infolge deines schlechten Gewissens und der Glaubwürdigkeit meiner Zeugen – keinen Zeugen befragt hast. Man frage, wenn du willst, den Flavius, was für ein Mann denn der T. Herennius gewesen sei, von dem Flavius behauptet, er habe in Leptis[155] ein Wechselgeschäft betrieben. Der hatte mehr als hundert römische Bürger aus dem Bezirk

Syracusano qui eum non solum cognoscerent sed etiam lacri-
mantes ac te implorantes defenderent, tamen inspectantibus
omnibus Syracusanis securi percussus est. Hunc quoque
testem meum refelli et illum Herennium Sertorianum fuisse
abs te demonstrari et probari volo.

60 (156) Quid de illa multitudine dicemus eorum qui capitibus involutis in piratarum captivorum numero produceban-
tur, ut securi ferirentur? Quae ista nova diligentia, quam ob
causam abs te excogitata? an te L. Flavi ceterorumque de T.
Herennio vociferatio commovebat? an M. Anni, gravissimi
atque honestissimi viri, summa auctoritas paulo diligentio-
rem timidioremque fecerat? qui nuper pro testimonio non
advenam nescio quem nec alienum, sed eum civem Romanum qui omnibus in illo conventu notus, qui Syracusis natus
esset, abs te securi percussum esse dixit. (157) Post hanc illorum vociferationem, post hanc communem famam atque
querimoniam non mitior in supplicio, sed diligentior esse
coepit; capitibus involutis civis Romanos ad necem producere instituit; quos tamen idcirco necabat palam quod homines in conventu, id quod antea dixi, nimium diligenter praedonum numerum requirebant. Haecine plebi Romanae te
praetore est constituta condicio, haec negoti gerendi spes,
hoc capitis vitaeque discrimen? Parumne multa mercatoribus sunt necessario pericula subeunda fortunae, nisi etiam
hae formidines ab nostris magistratibus atque in nostris provinciis impendebunt? Ad eamne rem fuit haec suburbana ac
fidelis provincia, plena optimorum sociorum honestissimo-
rumque civium, quae civis Romanos omnis suis ipsa sedibus
libentissime semper accepit, ut, qui usque ex ultima Syria

von Syrakus aufgeboten, die ihn nicht nur kannten, sondern sich auch für ihn einsetzten, indem sie dich unter Tränen anflehten, und doch wurde er vor den Augen aller Syrakusaner mit dem Beile hingerichtet. Ich wünsche, daß du auch diesen Zeugen von mir widerlegst und eindeutig beweist, daß jener Herennius ein Sertorianer gewesen ist.

60 (156) Was sollen wir von der großen Zahl derer sagen, die mit verhülltem Haupt unter den gefangenen Seeräubern abgeführt wurden, um sie mit dem Beile hinzurichten? Was ist das für eine neuartige Vorsichtsmaßnahme, aus welchem Grund hast du sie ersonnen? Haben dich etwa die lauten Klagerufe dazu bewegt, die L. Flavius und die übrigen wegen des T. Herennius erhoben? Oder hatte dich das hohe Ansehen des M. Annius, eines überaus einflußreichen und angesehenen Mannes, etwas vorsichtiger und furchtsamer gemacht? Der hat neulich als Zeuge ausgesagt, du habest nicht irgendeinen Zugereisten und Fremden, sondern einen römischen Bürger, der allen in dem Bezirk bekannt, der in Syrakus geboren war, mit dem Beil hingerichtet. (157) Nach den Klagerufen dieser Männer, nach dem allgemeinen Geraune und Jammern begann er, im Strafen nicht milder, sondern vorsichtiger zu sein: er ordnete an, die römischen Bürger mit verhülltem Haupt zum Tode zu führen; er ließ sie gleichwohl deshalb öffentlich hinrichten, weil die Leute im Bezirk, wie ich schon sagte,[156] allzu genau die Zahl der Räuber nachrechneten. Das also ist die Lage, die den einfachen römischen Bürgern während deiner Prätur bestimmt war, das die Aussicht, welche die Ausübung einer geschäftlichen Tätigkeit bot, das die Gefahr für Leib und Leben der Bürger? Sind die Gefahren und Mißgeschicke nicht zahlreich genug, die die Kaufleute notgedrungen auf sich nehmen müssen, daß ihnen auch noch diese Schrecknisse von seiten unserer Beamten und in unseren Provinzen drohen müssen? War diese nahe gelegene und treue Provinz, dicht bevölkert mit den besten Bundesgenossen und angesehensten Bürgern, die alle römischen Bürger stets mit der größten Bereitwilligkeit an ihren eigenen Wohnplätzen aufgenommen hat, dazu da,

atque Aegypto navigarent, qui apud barbaros propter togae nomen in honore aliquo fuissent, qui ex praedonum insidiis, qui ex tempestatum periculis profugissent, in Sicilia securi ferirentur, cum se iam domum venisse arbitrarentur?

61 (158) Nam quid ego de P. Gavio, Consano municipe, dicam, iudices, aut qua vi vocis, qua gravitate verborum, quo dolore animi dicam? tametsi dolor me non deficit; ut cetera mihi in dicendo digna re, digna dolore meo, suppetant magis laborandum est. Quod crimen eius modi est ut, cum primum ad me delatum est, usurum me illo non putarem; tametsi enim verissimum esse intellegebam, tamen credibile fore non arbitrabar. Coactus lacrimis omnium civium Romanorum qui in Sicilia negotiantur, adductus Valentinorum, hominum honestissimorum, omniumque Reginorum testimoniis multorumque equitum Romanorum qui casu tum Messanae fuerunt, dedi tantum priore actione testium res ut nemini dubia esse possit. (159) Quid nunc agam? Cum iam tot horas de uno genere ac de istius nefaria crudelitate dicam, cum prope omnem vim verborum eius modi, quae scelere istius digna sint, aliis in rebus consumpserim, neque hoc providerim, ut varietate criminum vos attentos tenerem, quem ad modum de tanta re dicam? Opinor, unus modus atque una ratio est; rem in medio ponam; quae tantum habet ipsa gravitatis ut neque mea, quae nulla est, neque cuiusquam ad inflammandos vestros animos eloquentia requiratur.

(160) Gavius hic quem dico, Consanus, cum in illo numero

daß diejenigen, die aus dem fernsten Syrien und Ägypten mit ihren Schiffen kamen, die bei den Barbaren wegen des Namens der Toga in einigem Ansehen gestanden hatten, die den Nachstellungen der Räuber, die den Gefahren der Stürme entronnen waren, in Sizilien mit dem Beile hingerichtet wurden, wo sie schon nach Hause gekommen zu sein glaubten?

61 (158) Aber was soll ich erst über P. Gavius, einen Bürger der Landstadt Consa[157], sagen, ihr Richter, oder mit welcher Stimmgewalt, welcher Wucht der Worte, welchem seelischen Schmerz von ihm sprechen? Freilich, an schmerzlichen Gefühlen fehlt es mir nicht; daß auch das übrige in meiner Rede ausfällt, wie es der Sache, wie es meinem Schmerz angemessen ist, darum muß ich mich eher bemühen. Dieser Anklagepunkt ist derartig, daß ich, als man mir davon berichtete, zunächst glaubte, davon keinen Gebrauch machen zu können; denn ich stellte zwar fest, daß er voll und ganz der Wahrheit entsprach, meinte jedoch, er werde nicht glaubhaft sein. Doch getrieben durch die Tränen aller römischen Bürger, die in Sizilien Handel treiben, bewogen durch die Zeugenaussagen der Valentiner, sehr angesehener Leute, sowie aller Reginer[158] und vieler römischer Ritter, die damals zufällig in Messana waren, habe ich in der ersten Verhandlung so viele Zeugen aufgeboten, daß die Sache niemandem mehr zweifelhaft sein kann. (159) Was soll ich jetzt tun? Da ich schon so viele Stunden über einen einzigen Punkt, über die abscheuliche Grausamkeit des Verres, spreche und da ich fast alle Wortgewalt, wie sie seiner Ruchlosigkeit angemessen ist, für andere Dinge verbraucht habe und nicht darauf bedacht gewesen bin, mir eure Aufmerksamkeit durch eine Vielfalt von Vorwürfen zu erhalten, wie soll ich dann über eine so schlimme Angelegenheit sprechen? Ich meine, es gibt nur eine Art und Weise: ich will die Sache öffentlich darlegen. Die hat von sich aus so viel Gewicht, daß weder meine Beredsamkeit, die schwach ist, noch die eines anderen erforderlich ist, euch in flammende Empörung zu versetzen.

(160) Dieser Gavius, von dem ich spreche, aus Consa, war

civium Romanorum ab isto in vincla coniectus esset et nescio qua ratione clam e lautumiis profugisset Messanamque
venisset, qui tam prope iam Italiam et moenia Reginorum,
civium Romanorum, videret et ex illo metu mortis ac tenebris quasi luce libertatis et odore aliquo legum recreatus revi-
xisset, loqui Messanae et queri coepit se civem Romanum in
vincla coniectum, sibi recta iter esse Romam, Verri se praesto
advenienti futurum. **62** Non intellegebat miser nihil interesse utrum haec Messanae an apud istum in praetorio loqueretur; nam, ut antea vos docui, hanc sibi iste urbem delegerat
quam haberet adiutricem scelerum, furtorum receptricem,
flagitiorum omnium consciam. Itaque ad magistratum
Mamertinum statim deducitur Gavius, eoque ipso die casu
Messanam Verres venit. Res ad eum defertur, esse civem
Romanum qui se Syracusis in lautumiis fuisse quereretur;
quem iam ingredientem in navem et Verri nimis atrociter
minitantem ab se retractum esse et adservatum, ut ipse in
eum statueret quod videretur. (161) Agit hominibus gratias
et eorum benivolentiam erga se diligentiamque conlaudat.
Ipse inflammatus scelere et furore in forum venit; ardebant
oculi, toto ex ore crudelitas eminebat. Exspectabant omnes
quo tandem progressurus aut quidnam acturus esset, cum
repente hominem proripi atque in foro medio nudari ac deli-
gari et virgas expediri iubet. Clamabat ille miser se civem esse
Romanum, municipem Consanum; meruisse cum L. Raecio,
splendidissimo equite Romano, qui Panhormi negotiaretur,
ex quo haec Verres scire posset. Tum iste, se comperisse eum

einer der römischen Bürger, die Verres ins Gefängnis geworfen hatte, und war, ich weiß nicht wie, heimlich aus den Steinbrüchen geflohen und nach Messana gekommen; als er nun
Italien und die Mauern der Reginer, römischer Bürger, so
nahe vor sich sah und aus der Todesdrohung und Finsternis,
gleichsam durch das Licht der Freiheit und den Hauch
gesetzlicher Ordnung wie neugeboren, wieder zum Leben
erwacht war, begann er in Messana zu reden und sich zu
beklagen: er, ein römischer Bürger, sei ins Gefängnis geworfen worden; er begebe sich jetzt geradewegs nach Rom; wenn
Verres dort eintreffe, werde er zur Stelle sein. **62** Der
Unglückliche dachte sich nicht, daß es keinen Unterschied
mache, ob er so etwas in Messana oder bei Verres im Prätorenpalast äußerte. Denn wie ich euch schon früher dargelegt
habe,[159] hatte sich Verres diese Stadt zur Helfershelferin bei
seinen Verbrechen, zur Hehlerin seines Diebesgutes, zur
Mitwisserin aller seiner Schandtaten ausgewählt. Daher
führt man den Gavius sofort vor die Behörde von Messana;
und zufällig kommt gerade an dem Tage Verres nach Messana. Die Sache wird ihm gemeldet: da sei ein römischer Bürger, der sich beschwere, daß er in den Steinbrüchen von Messana gewesen sei; sie hätten ihn, als er schon das Schiff bestieg
und sehr heftige Drohungen gegen Verres ausstieß, zurück-
geholt und in Haft gehalten, damit er selbst mit ihm verfahre,
wie er es für richtig halte. (161) Er dankt den Leuten und lobt
ihre wohlwollende Haltung ihm gegenüber wowie ihre Aufmerksamkeit. Er selbst, entflammt von Bosheit und Wut,
begibt sich auf den Markt; seine Augen glühten, sein ganzer
Gesichtsausdruck verriet Grausamkeit. Alle waren gespannt,
wie weit er wohl gehen und was er tun würde, als er plötzlich
befiehlt, den Mann herbeizuzerren und mitten auf dem
Markt zu entkleiden und anzubinden und die Ruten bereit-
zumachen. Der Unglückliche schrie: er sei ein römischer
Bürger, Einwohner der Landstadt Consa; er habe zusammen
mit L. Raecius, einem hochangesehenen römischen Ritter,
gedient; er sei in Panormos geschäftlich tätig und von ihm
könne Verres sich das bestätigen lassen. Darauf Verres: er

speculandi causa in Siciliam a ducibus fugitivorum esse missum; cuius rei neque index neque vestigium aliquod neque suspicio cuiquam esset ulla; deinde iubet undique hominem vehementissime verberari. (162) Caedebatur virgis in medio foro Messanae civis Romanus, iudices, cum interea nullus gemitus, nulla vox alia illius miseri inter dolorem crepitumque plagarum audiebatur nisi haec, 'Civis Romanus sum.' Hac se commemoratione civitatis omnia verbera depulsurum cruciatumque a corpore deiecturum arbitrabatur; is non modo hoc non perfecit, ut virgarum vim deprecaretur, sed cum imploraret saepius usurparetque nomen civitatis, crux, – crux, inquam, – infelici et aerumnoso, qui numquam istam pestem viderat, comparabatur.

63 (163) O nomen dulce libertatis! o ius eximium nostrae civitatis! o lex Porcia legesque Semproniae! o graviter desiderata et aliquando reddita plebi Romanae tribunicia potestas! Hucine tandem haec omnia reciderunt ut civis Romanus in provincia populi Romani, in oppido foederatorum, ab eo qui beneficio populi Romani fascis et securis haberet deligatus in foro virgis caederetur? Quid? cum ignes ardentesque laminae ceterique cruciatus admovebantur, si te illius acerba imploratio et vox miserabilis non inhibebat, ne civium quidem Romanorum qui tum aderant fletu et gemitu maximo commovebare? In crucem tu agere ausus es quemquam qui se civem Romanum esse diceret? Nolui tam vehementer agere hoc prima actione, iudices, nolui; vidistis enim ut animi

habe erfahren, daß er von den Anführern der entlaufenen Sklaven[160] nach Sizilien geschickt sei, um zu spionieren – eine Beschuldigung, für die es weder eine Anzeige noch eine einzige Spur, noch irgendeinen Verdacht bei jemandem gab. Dann befiehlt er, von allen Seiten auf den Mann mit größter Heftigkeit einzuschlagen. (162) Mit Ruten peitschte man mitten auf dem Marktplatz von Messana einen römischen Bürger aus, ihr Richter, und dabei hörte man bei dem Schmerz und dem Klatschen der Hiebe kein Stöhnen, keinen anderen Laut des Unglücklichen als den: »Ich bin römischer Bürger.« Durch den Hinweis auf sein Bürgerrecht glaubte er alle Schläge verhindern und die Qual von seinem Körper fernhalten zu können. Doch nicht nur das erreichte er nicht, durch Bitten die Wucht der Hiebe abzuwenden, sondern als er öfter flehte und das Bürgerrecht geltend machte, da wurde das Kreuz, das Kreuz, sage ich, für den Unglücklichen und Bedauernswerten, der dieses Marterwerkzeug noch nie gesehen hatte, aufgerichtet.

63 (163) O süßes Wort Freiheit! O Vorrecht unserer Bürger! O du, Porzisches Gesetz und ihr, Sempronische Gesetze[161]! O schmerzlich vermißte und endlich dem römischen Volke wiedergegebene tribunizische Gewalt![162] So weit also sind schließlich alle diese Bestimmungen hinfällig geworden, daß ein römischer Bürger in einer Provinz des römischen Volkes, in einer Stadt der Verbündeten von einem Mann, der durch die Gunst des römischen Volkes seine Rutenbündel und Beile[163] erhalten hat, angebunden auf dem Markt mit Ruten ausgepeitscht wurde? Wie? Als man Feuer und glühende Eisenplatten und die übrigen Folterwerkzeuge herbeibrachte: wenn dich schon seine grellen Hilfeschreie und jammernde Stimme nicht zurückhielten, ließest du dich dann nicht wenigstens von den Tränen und dem lauten Stöhnen der römischen Bürger beeindrucken, die damals zugegen waren? Du unterstandest dich, jemanden ans Kreuz schlagen zu lassen, der erklärte, er sei römischer Bürger? Ich wollte mich in der ersten Verhandlung nicht so eindringlich mit diesem Punkt befassen, ihr Richter, ich wollte es nicht; ihr habt ja

multitudinis in istum dolore et odio et communis periculi metu concitarentur. Statui egomet mihi tum modum et orationi meae et C. Numitorio, equiti Romano, primo homini, testi meo; et Glabrionem id quod sapientissime fecit facere laetatus sum, ut repente consilium in medio testimonio dimitteret. Etenim verebatur ne populus Romanus ab isto eas poenas vi repetisse videretur, quas veritus esset ne iste legibus ac vestro iudicio non esset persoluturus. (164) Nunc quoniam iam exploratum est omnibus quo loco causa tua sit et quid de te futurum sit, sic tecum agam. Gavium istum, quem repentinum speculatorem fuisse dicis, ostendam in lautumias Syracusis a te esse coniectum, neque id solum ex litteris ostendam Syracusanorum, ne possis dicere me, quia sit aliqui in litteris Gavius, hoc fingere et eligere nomen, ut hunc illum esse possim dicere, sed ad arbitrium tuum testis dabo qui istum ipsum Syracusis abs te in lautumias coniectum esse dicant. Producam etiam Consanos municipes illius ac necessarios, qui te nunc sero doceant, iudices non sero, illum P. Gavium quem tu in crucem egisti civem Romanum et municipem Consanum, non speculatorem fugitivorum fuisse.

64 (165) Cum haec omnia quae polliceor cumulate tuis proximis plana fecero, tum istuc ipsum tenebo quod abs te mihi datur; eo contentum esse me dicam. Quid enim nuper tu ipse, cum populi Romani clamore atque impetu perturbatus exsiluisti, quid, inquam, elocutus es? Illum, quod moram supplicio quaereret, ideo clamitasse se esse civem Romanum, sed speculatorem fuisse. Iam mei testes veri sunt. Quid enim

gesehen, wie sehr sich die Menge aus Erbitterung und Haß und aus Furcht vor der allgemeinen Gefahr gegen Verres erregte. Ich habe damals mir und meiner Rede Mäßigung auferlegt und ebenso dem römischen Ritter C. Numitorius, einem vorzüglichen Manne, meinem Zeugen; auch freue ich mich, daß Glabrio tat, was er sehr weise getan hat: daß er plötzlich mitten in der Zeugenaussage die Sitzung aufhob. Er war nämlich besorgt, daß das römische Volk offensichtlich mit Gewalt an Verres die Strafen vollzogen hätte, die er – so befürchtete es – durch die Gesetze und euer Urteil nicht erleiden würde. (164) Jetzt, da schon für alle klar ist, wie es mit deiner Sache steht und wie es dir ergehen wird, will ich so mit dir verfahren: ich werde beweisen, daß du den Gavius, der, wie du behauptest, auf einmal ein Spion gewesen ist, in die Steinbrüche von Syrakus geworfen hast, und ich werde das nicht nur aus den Aufzeichnungen der Syrakusaner beweisen, damit du nicht sagen kannst, ich hätte, weil in den Verzeichnissen irgendein Gavius erwähnt sei, diesen Namen fälschlich ausgewählt, damit ich behaupten könne, dieser und jener seien identisch; vielmehr will ich nach deinem Belieben Zeugen beibringen, die bekräftigen können, daß du eben diesen Gavius in Syrakus in die Steinbrüche geworfen hast. Ich werde auch Leute aus Consa vorführen, seine Mitbürger und Verwandten, damit sie jetzt zwar dich zu spät, aber die Richter nicht zu spät darüber belehren, daß der P. Gavius, den du ans Kreuz geschlagen hast, ein römischer Bürger und Einwohner von Consa und nicht ein Spion der entlaufenen Sklaven gewesen ist.

64 (165) Wenn ich das alles, was ich ankündige, deinen besten Freunden gründlich klargemacht habe, dann will ich mich nur noch an das halten, was du mir zugibst; damit werde ich mich zufrieden erklären. Denn was hast du neulich selbst, als du, durch das tosende Geschrei des römischen Volkes aus der Fassung gebracht, aufsprangst, was, sage ich, hast du da geäußert? Der Mann habe nur deshalb geschrieen, er sei römischer Bürger, weil er einen Aufschub der Hinrichtung zu erlangen suchte; er sei aber ein Spion gewesen. Dann sagen

dicit aliud C. Numitorius, quid M. et P. Cottii, nobilissimi homines ex agro Tauromenitano, quid Q. Lucceius, qui argentariam Regi maximam fecit, quid ceteri? Adhuc enim testes ex eo genere a me sunt dati, non qui novisse Gavium, sed se vidisse dicerent, cum is, qui se civem Romanum esse clamaret, in crucem ageretur. Hoc tu, Verres, idem dicis, hoc tu confiteris, illum clamitasse se civem esse Romanum; apud te nomen civitatis ne tantum quidem valuisse ut dubitationem aliquam [crucis], ut crudelissimi taeterrimique supplici aliquam parvam moram saltem posset adferre. (166) Hoc teneo, hic haereo, iudices, hoc sum contentus uno, omitto ac neglego cetera; sua confessione induatur ac iuguletur necesse est. Qui esset ignorabas, speculatorem esse suspicabare; non quaero qua suspicione, tua te accuso oratione: civem Romanum se esse dicebat. Si tu apud Persas aut in extrema India deprensus, Verres, ad supplicium ducerere, quid aliud clamitares nisi te civem esse Romanum? et si tibi ignoto apud ignotos, apud barbaros, apud homines in extremis atque ultimis gentibus positos, nobile et inlustre apud omnis nomen civitatis tuae profuisset, ille, quisquis erat, quem tu in crucem rapiebas, qui tibi esset ignotus, cum civem se Romanum esse diceret, apud te praetorem si non effugium ne moram quidem mortis mentione atque usurpatione civitatis adsequi potuit? 65 (167) Homines tenues, obscuro loco nati, navigant, adeunt ad ea loca quae numquam antea viderunt, ubi neque noti esse iis quo venerunt, neque semper cum cognito-

meine Zeugen die Wahrheit. Denn was anderes sagen C. Numitorius, was M. und P. Cottius, zwei hochangesehene Männer aus dem Gebiet von Tauromenion[164], was Q. Lucceius, der in Regium ein großes Wechselgeschäft betrieben hat, was die übrigen? Bisher habe ich nämlich nur Zeugen von der Art gestellt, die nicht sagten, sie hätten den Gavius gekannt, sondern nur erklärten, sie hätten gesehen, wie einer, der rief, er sei römischer Bürger, ans Kreuz geschlagen worden sei. Dasselbe sagst auch du, Verres; auch du gibst zu: er habe geschrieen, daß er römischer Bürger sei; bei dir habe das Wort Bürgerrecht nicht einmal so viel vermocht, daß es auch nur den geringsten Zweifel wecken, daß es wenigstens einen kurzen Aufschub der grausamsten und scheußlichsten Hinrichtung herbeiführen konnte. (166) Hieran halte ich mich, hieran klammere ich mich, ihr Richter; hiermit allein bin ich zufrieden; ich übergehe und vernachlässige alles andere; in seinem eigenen Geständnis soll er sich fangen und um Kopf und Kragen bringen. Wer Gavius sei, wußtest du nicht; daß er ein Spion sei, argwöhntest du; ich frage nicht, auf welchen Verdacht hin; ich klage dich an aufgrund deiner eigenen Worte: er sei römischer Bürger, sagte er. Wenn man dich bei den Persern oder im weit entfernten Indien ergriffe, Verres, und dich zur Hinrichtung führte, was anderes würdest du dann rufen, als du seiest ein römischer Bürger? Und wenn dir, dem Unbekannten bei Unbekannten, bei Barbaren, bei Menschen, die den äußersten und entferntesten Völkern angehören, der bei allen berühmte und bekannte Name deines Staates genützt hätte: konnte da nicht der Mann, wer er auch war, den du ans Kreuz schlepptest, der dir doch unbekannt war, als er sagte, er sei ein römischer Bürger, bei dir, dem Prätor, wenn nicht seine Freilassung, so doch wenigstens einen Aufschub seines Todes durch den Hinweis und die Berufung auf das Bürgerrecht erreichen? **65** (167) Einfache Menschen von niederem Stande sind es, die Schiffahrt treiben; sie besuchen Gegenden, die sie niemals vorher gesehen haben, wo sie weder denen, zu denen sie gekommen sind, bekannt sein noch stets Zeugen für ihre Identität bei

ribus esse possunt. Hac una tamen fiducia civitatis non modo apud nostros magistratus, qui et legum et existimationis periculo continentur, neque apud civis solum Romanos, qui et sermonis et iuris et multarum rerum societate iuncti sunt, fore se tutos arbitrantur, sed, quocumque venerint, hanc sibi rem praesidio sperant futuram. (168) Tolle hanc spem, tolle hoc praesidium civibus Romanis, constitue nihil esse opis in hac voce, 'Civis Romanus sum,' posse impune praetorem aut alium quempiam supplicium quod velit in eum constituere qui se civem Romanum esse dicat, quod qui sit ignoret: iam omnis provincias, iam omnia regna, iam omnis liberas civitates, iam omnem orbem terrarum, qui semper nostris hominibus maxime patuit, civibus Romanis ista defensione praecluseris. Quid? si L. Raecium, equitem Romanum, qui tum erat in Sicilia, nominabat, etiamne id magnum fuit, Panhormum litteras mittere? Adservasses hominem custodiis Mamertinorum tuorum, vinctum clausum habuisses, dum Panhormo Raecius veniret; cognosceret hominem, aliquid de summo supplicio remitteres; si ignoraret, tum, si ita tibi videretur, hoc iuris in omnis constitueres, ut, qui neque tibi notus esset neque cognitorem locupletem daret, quamvis civis Romanus esset, in crucem tolleretur.

66 (169) Sed quid ego plura de Gavio? quasi tu Gavio tum fueris infestus ac non nomini generi iuri civium hostis. Non illi, inquam, homini sed causae communi libertatis inimicus fuisti. Quid enim attinuit, cum Mamertini more atque insti-

sich haben können. Gleichwohl glauben sie, allein im Vertrauen auf ihr Bürgerrecht, nicht nur bei unseren Beamten, die durch die Furcht vor den Gesetzen und der öffentlichen Meinung in Schranken gehalten werden, und nicht nur bei den römischen Bürgern, die durch die Gemeinschaft der Sprache, des Rechts und vieler anderer Dinge mit ihnen verbunden sind, sicher zu sein, sondern sie erwarten, daß ihnen, wohin sie auch kommen, dieser Umstand Schutz bieten werde. (168) Nimm den römischen Bürgern diese Hoffnung, nimm ihnen diesen Schutz, laß es dahin kommen, daß der Ausruf »Ich bin römischer Bürger« keine Hilfe mehr bietet, daß ein Prätor oder sonst jemand ungestraft jede beliebige Strafe über einen verhängen kann, der erklärt, er sei römischer Bürger, nur weil er nicht weiß, wer der Mann ist: sogleich wirst du mit dieser Begründung den römischen Bürgern sämtliche Provinzen, sämtliche Königreiche, sämtliche freien Staaten, den gesamten Erdkreis verschließen, der immer besonders unseren Leuten offenstand. Ferner: wenn Gavius den römischen Ritter L. Raecius nannte, der damals in Sizilien weilte, war es dann noch schwer, einen Brief nach Panormos zu schicken? Du hättest den Mann in der Haft deiner Mamertiner aufbewahren, hättest ihn gefesselt hinter Schloß und Riegel halten sollen, bis Raecius aus Panormos gekommen wäre. Sollte dieser den Mann erkennen, so hättest du etwas von der schlimmen Strafe abgelassen; wenn er ihn nicht kennen sollte, dann hättest du, wenn du es für richtig hieltest, für alle diesen Grundsatz aufstellen sollen: wer dir weder bekannt sei noch einen wohlhabenden Bürgen stellen könne, der solle, und mag er noch so sehr römischer Bürger sein, ans Kreuz geschlagen werden.

66 (169) Doch was soll ich noch weiter über Gavius reden? Als ob du damals nur gegen Gavius bösartig gehandelt und dich nicht schlechthin als offener Feind des Namens, des Standes und des Rechtes der Bürger erwiesen hättest. Nicht nur gegen diesen Mann, sage ich, sondern gegen die gemeinsame Sache der Freiheit warst du feindselig gesonnen. Denn als die Mamertiner nach ihrer Sitte und Gewohnheit das

tuto suo crucem fixissent post urbem in via Pompeia, te iubere in ea parte figere quae ad fretum spectaret, et hoc addere, – quod negare nullo modo potes, quod omnibus audientibus dixisti palam, – te idcirco illum locum deligere, ut ille, quoniam se civem Romanum esse diceret, ex cruce Italiam cernere ac domum suam prospicere posset? Itaque illa crux sola, iudices, post conditam Messanam illo in loco fixa est. Italiae conspectus ad eam rem ab isto delectus est, ut ille in dolore cruciatuque moriens perangusto fretu divisa servitutis ac libertatis iura cognosceret, Italia autem alumnum suum servitutis extremo summoque supplicio adfixum videret. (170) Facinus est vincire civem Romanum, scelus verberare, prope parricidium necare: quid dicam in crucem tollere? Verbo satis digno tam nefaria res appellari nullo modo potest. Non fuit his omnibus iste contentus: 'spectet,' inquit, 'patriam; in conspectu legum libertatisque moriatur.' Non tu hoc loco Gavium, non unum hominem nescio quem, sed communem libertatis et civitatis causam in illum cruciatum et crucem egisti. Iam vero videte hominis audaciam! Nonne eum graviter tulisse arbitramini quod illam civibus Romanis crucem non posset in foro, non in comitio, non in rostris defigere? Quod enim his locis in provincia sua celebritate simillimum, regione proximum potuit, elegit; monumentum sceleris audaciaeque suae voluit esse in conspectu Italiae, vestibulo Siciliae, praetervectione omnium qui ultro citroque navigarent.

Kreuz hinter der Stadt an der Pompejischen Straße errichtet hatten: was hat es da zu bedeuten, daß du den Befehl gabst, es an der Seite zu errichten, die auf die Meerenge schaut, und dazu die Bemerkung machtest, die du auf keine Weise bestreiten kannst, weil du sie öffentlich vor aller Ohren getan hast: du hättest diesen Platz deshalb gewählt, damit der Mann, da er ja behaupte, römischer Bürger zu sein, von seinem Kreuz aus Italien sehen und seine Heimat erblicken könne? Und so wurde dieses Kreuz als einziges seit der Gründung von Messana an dieser Stelle errichtet, ihr Richter. Die Aussicht auf Italien hat Verres in der Absicht gewählt, daß der Mann, während er unter qualvollen Schmerzen dahinstarb, erkennen sollte, daß der Rechtszustand der Sklaverei und der Freiheit nur durch eine schmale Meerenge getrennt sei, Italien aber seinen Sohn in der äußersten und schlimmsten Strafe der Knechtschaft ans Kreuz genagelt sähe.[165] (170) Es ist eine Übeltat, einen römischen Bürger zu fesseln, ein Verbrechen, ihn auszupeitschen, nahezu ein Meuchelmord, ihn zu töten: ihn ans Kreuz zu schlagen, wie soll ich das nennen? Mit einem hinreichend passenden Ausdruck läßt sich eine so abscheuliche Tat gar nicht bezeichnen. Doch Verres war mit alledem nicht zufrieden: »Er soll«, sagte er, »auf sein Vaterland blicken, soll im Angesicht der Gesetze und der Freiheit sterben.« Du hast hier nicht den Gavius, nicht einen beliebigen Menschen, sondern die gemeinsame Sache der Freiheit und des Bürgerrechts der Folter und dem Kreuz überantwortet. Beachtet nun aber auch die Frechheit des Burschen! Scheint es euch nicht so, als habe es ihm besonders leid getan, das Kreuz für die römischen Bürger nicht auf dem Forum, nicht auf dem Komitium[166], nicht auf der Rednertribüne errichten zu können? Denn er hat *den* Platz in seiner Provinz ausgewählt, der diesen Stätten durch seinen lebhaften Verkehr am ähnlichsten, durch seine Lage am nächsten war. Ein Denkmal seiner verbrecherischen und vermessenen Gesinnung sollte nach seinem Willen im Angesicht Italiens, am Eingang Siziliens, an einer Stelle stehen, wo alle hin und zurück vorbeifahren mußten.

67 (171) Si haec non ad civis Romanos, non ad aliquos amicos nostrae civitatis, non ad eos qui populi Romani nomen audissent, denique si non ad homines verum ad bestias, aut etiam, ut longius progrediar, si in aliqua desertissima solitudine ad saxa et ad scopulos haec conqueri ac deplorare vellem, tamen omnia muta atque inanima tanta et tam indigna rerum acerbitate commoverentur. Nunc vero cum loquar apud senatores populi Romani, legum et iudiciorum et iuris auctores, timere non debeo ne non unus iste civis Romanus illa cruce dignus, ceteri omnes simili periculo indignissimi iudicentur. (172) Paulo ante, iudices, lacrimas in morte misera atque indigna nauarchorum non tenebamus, et recte ac merito sociorum innocentium miseria commovebamur: quid nunc in nostro sanguine tandem facere debemus? Nam civium Romanorum omnium sanguis coniunctus existimandus est, quoniam et salutis omnium ratio et veritas postulat. Omnes hoc loco cives Romani, et qui adsunt et qui ubique sunt, vestram severitatem desiderant, vestram fidem implorant, vestrum auxilium requirunt; omnia sua iura commoda auxilia, totam denique libertatem in vestris sententiis versari arbitrantur. (173) A me tametsi satis habent, tamen, si res aliter acciderit, plus habebunt fortasse quam postulant. Nam si qua vis istum de vestra severitate eripuerit, id quod neque metuo, iudices, neque ullo modo fieri posse video, – sed si in hoc me ratio fefellerit, Siculi causam suam perisse querentur et mecum pariter moleste ferent, populus quidem Romanus brevi, quoniam mihi potestatem apud se agendi dedit, ius

67 (171) Wenn ich so nicht vor römischen Bürgern, nicht vor irgendwelchen Freunden unseres Staates, nicht vor denen, die schon den Namen des römischen Volkes gehört haben, wenn ich letztendlich nicht vor Menschen, sondern vor wilden Tieren oder gar, um noch weiter zu gehen, wenn ich in einer ganz einsamen und verlassenen Gegend vor Felsen und Klippen so klagen und jammern wollte, dann würden selbst alle die stummen und leblosen Dinge von der so herben und so empörenden Bitterkeit der Vorfälle erschüttert werden. Jetzt aber, da ich vor Senatoren des römischen Volkes, den Hütern der Gesetze, der Gerichte und des Rechts spreche, brauche ich keine Angst zu haben: man wird zu dem Urteil kommen, daß einzig und allein für diesen römischen Bürger da[167] das Kreuz angemessen, für alle anderen aber eine ähnliche Bestrafung ganz unangemessen sei. (172) Kurz zuvor, ihr Richter, konnten wir bei dem jammervollen und unverdienten Tod der Schiffskommandanten unsere Tränen nicht zurückhalten, und mit Fug und Recht wurden wir durch das Elend unschuldiger Bundesgenossen erschüttert: was sollen wir denn erst jetzt bei unserem eigenen Blut tun? Denn man muß das Blut aller römischen Bürger für verwandt halten; so verlangen es nämlich die Rücksicht auf das Wohl aller und die Wahrheit. Alle römischen Bürger, die sich hier und sonstwo in der Welt befinden, erwarten in diesem Fall Strenge von euch, bitten um euren Schutz, verlangen eure Hilfe; sie glauben, daß alle ihre Rechte, Vorteile, Vergünstigungen, kurz, ihre ganze Freiheit auf eurem Urteilsspruch beruht. (173) Von mir haben sie freilich schon genug erhalten; doch werden sie, wenn die Sache anders ausgeht, vielleicht mehr erhalten, als sie verlangen. Denn wenn irgendeine Macht den Verres eurer Strenge entreißen sollte (was ich nicht befürchte, ihr Richter, noch irgendwie für möglich erachte) – doch wenn mich hierin meine Annahme täuschen sollte, dann werden die Sizilier sich beklagen, daß ihre Sache eine Niederlage erlitten hat, und ebenso wie ich bedrückt sein, das römische Volk aber wird, da es mir die Berechtigung verliehen hat, vor ihm einen Prozeß anhängig zu machen, in kurzem, vor dem

suum me agente suis suffragiis ante Kalendas Februarias recuperabit. Ac si de mea gloria atque amplitudine quaeritis, iudices, non est alienum meis rationibus istum mihi ex hoc iudicio ereptum ad illud populi Romani iudicium reservari. Splendida est illa causa, probabilis mihi et facilis, populo grata atque iucunda; denique si videor hic, id quod ego non quaesivi, de uno isto voluisse crescere, isto absoluto, quod sine multorum scelere fieri non potest, de multis mihi crescere licebit.

68 Sed mehercule vestra reique publicae causa, iudices, nolo in hoc delecto consilio tantum flagiti esse commissum, nolo eos iudices quos ego probarim atque delegerim sic in hac urbe notatos isto absoluto ambulare ut non cera sed caeno obliti esse videantur. (174) Quam ob rem te quoque, Hortensi, si qui monendi locus ex hoc loco est, moneo videas etiam atque etiam et considere quid agas, quo progrediare, quem hominem et qua ratione defendas. Neque de illo tibi quicquam praefinio quo minus ingenio mecum atque omni dicendi facultate contendas; cetera si qua putas te occultius extra iudicium quae ad iudicium pertineant facere posse, si quid artificio consilio potentia gratia, copiis istius moliri cogitas, magno opere censeo desistas, et illa quae temptata iam et coepta sunt ab isto, a me autem pervestigata et cognita, moneo ut exstinguas et longius progredi ne sinas. Magno tuo periculo peccabitur in hoc iudicio, maiore quam putas. (175) Quod enim te liberatum iam existimationis metu,

1. Februar[168], durch meine Klage und durch seine Abstimmung sein Recht wiedererlangen. Und wenn ihr nach meinem Ansehen und Einfluß fragt, ihr Richter, so paßt es durchaus zu meinen Interessen, daß mir Verres, wenn er diesem Gericht entkommt, für das Gericht des römischen Volkes erhalten bleibt.[169] Prächtig ist dieser Fall, gut ist er und leicht für mich, willkommen und angenehm für das Volk. Wenn es schließlich so aussieht, als ob ich hier durch diesen einen Mann hätte groß werden wollen (was ich nicht erstrebt habe), so wird es mir, wenn er freigesprochen wird – und das kann nicht geschehen, ohne daß viele verbrecherisch handeln –, vergönnt sein, durch viele groß zu werden.

68 Doch wahrhaftig, um eurer und des Staates willen, ihr Richter, wünsche ich nicht, daß bei diesem auserlesenen Kollegium eine so große Schandtat begangen wird, wünsche ich nicht, daß die Richter, die ich selbst gutgeheißen und ausgewählt habe, nach einem Freispruch des Verres so gekennzeichnet in unserer Stadt umhergehen, daß es so aussieht, als hätten sie sich nicht mit Wachs, sondern mit Kot beschmiert.[170] (174) Deshalb warne ich auch dich, Hortensius, wenn diese Stätte der rechte Ort ist, eine Warnung auszusprechen: überlege wieder und wieder und bedenke, was du tust, wie weit du gehen willst, was für einen Menschen und auf welche Weise du ihn verteidigst. Und insofern lege ich dir keine Beschränkung auf, als solltest du mit deiner Begabung und allen deinen Fähigkeiten im Reden nicht mit mir wetteifern. Doch wenn du etwa sonst etwas, was das Gerichtsverfahren betrifft, heimlich und außerhalb des Verfahrens tun zu können glaubst, wenn du etwas durch List und kluge Berechnung, durch Macht und Einfluß oder durch die Geldmittel des Verres durchzusetzen beabsichtigst, dann empfehle ich dir eindringlich, davon abzulassen, und fordere dich auf, das, was von Verres bereits versucht und begonnen, von mir aber aufgespürt und bekanntgemacht worden ist, auszutilgen und nicht sich ausweiten zu lassen. Groß ist die Gefahr für dich, wenn in diesem Verfahren sträflich gehandelt wird, größer, als du glaubst. (175) Wenn du nämlich denkst, du sei-

defunctum honoribus designatum consulem cogites, mihi crede, ornamenta ista et beneficia populi Romani non minore negotio retinentur quam comparantur. Tulit haec civitas quoad potuit, quoad necesse fuit, regiam istam vestram dominationem in iudiciis et in omni re publica, tulit; sed quo die populo Romano tribuni plebi restituti sunt, omnia ista vobis, si forte nondum intellegitis, adempta atque erepta sunt. Omnium nunc oculi coniecti sunt hoc ipso tempore in unum quemque nostrum, qua fide ego accusem, qua religione hi iudicent, qua tu ratione defendas. De omnibus nobis, si qui tantulum de recta regione deflexerit, non illa tacita existimatio quam antea contemnere solebatis, sed vehemens ac liberum populi Romani iudicium consequetur. (176) Nulla tibi, Quinte, cum isto cognatio, nulla necessitudo; quibus excusationibus antea nimium in aliquo iudicio studium tuum defendere solebas, earum habere in hoc homine nullam potes. Quae iste in provincia palam dictitabat, cum ea quae faciebat tua se fiducia facere dicebat, ea ne vera putentur tibi maxime est providendum. **69** (177) Ego mei rationem iam offici confido esse omnibus iniquissimis meis persolutam; nam istum paucis horis primae actionis omnium mortalium sententiis condemnavi. Reliquum iudicium iam non de mea fide, quae perspecta est, nec de istius vita, quae damnata est, sed de iudicibus et, vere ut dicam, de te futurum est.

At quo tempore futurum est? – nam id maxime providendum est; etenim cum omnibus in rebus, tum in re publica

est von der Furcht vor der öffentlichen Meinung bereits ent-
bunden, weil du als ernannter Konsul die Ämterlaufbahn bis
zu Ende durchlaufen hast, so glaube mir, daß es ebenso
große Mühe erfordert, diese Auszeichnungen und Gunstbe-
zeigungen des römischen Volkes sich zu erhalten wie zu
gewinnen. Ertragen haben unsere Bürger, solange sie konnten, solange es unumgänglich war, eure tyrannische Herrschaft in den Gerichten und in allen Staatsangelegenheiten,
ja, sie haben sie ertragen; doch seit dem Tag, da dem römischen Volk die Volkstribunen zurückgegeben worden sind,
ist dies alles euch genommen und entrissen, wenn ihr es vielleicht auch noch nicht begriffen habt. Aller Augen sind jetzt
in eben diesem Augenblick auf einen jeden von uns gerichtet,
mit welcher Pflichttreue ich anklage, mit welcher Gewissenhaftigkeit die hier urteilen, auf welche Weise du verteidigst.
Über uns alle wird, wenn einer auch nur ein wenig vom gera-
den Weg abweicht, nicht die schweigende Volksmeinung, die
ihr früher zu verachten pflegtet, sondern das strenge und
freie Urteil des römischen Volkes ergehen. (176) Dich, Quintus, verbindet keine Verwandtschaft mit Verres, keine enge
Freundschaft; von den Entschuldigungen, mit denen du
früher in einem Prozeß deine allzu große Parteilichkeit zu
rechtfertigen pflegtest, hast du bei diesem Mann keine zur
Verfügung.[171] Wenn Verres in der Provinz öffentlich wieder-
holt erklärt hat, er tue, was er tue, im Vertrauen auf dich, so
mußt du dich ernsthaft vorsehen, daß diese Behauptung
nicht für wahr gehalten wird. **69** (177) Ich habe, glaube ich,
den Beweis für meine Pflichterfüllung in den Augen aller
meiner ärgsten Feinde bereits erbracht. Denn ich habe in den
wenigen Stunden der ersten Verhandlung die einstimmige
Verurteilung des Verres erreicht. Im restlichen Verfahren
geht es nicht mehr um meine Pflichttreue, die anerkannt, und
nicht mehr um das Leben des Verres, das verurteilt ist, sondern um die Richter und, um die Wahrheit zu sagen, um
dich.
Doch zu was für einer Zeit wird es stattfinden? Darauf muß
man nämlich ganz besonders achtgeben; denn wie bei allen

permagni momenti est ratio atque inclinatio temporum. Nempe eo, cum populus Romanus aliud genus hominum atque alium ordinem ad res iudicandas requirit, nempe lege de iudiciis iudicibusque novis promulgata; quam non is promulgavit quo nomine proscriptam videtis, sed hic reus, – hic, inquam, sua spe atque opinione quam de vobis habet legem illam scribendam promulgandamque curavit. (178) Itaque cum primo agere coepimus, lex non erat promulgata; cum iste vestra severitate permotus multa signa dederat quam ob rem responsurus non videretur, mentio de lege nulla fiebat; posteaquam iste recreari et confirmari visus est, lex statim promulgata est. Cui legi cum vestra dignitas vehementer adversetur, istius spes falsa et insignis impudentia maxime suffragatur. Hic si quid erit commissum a quoquam vestrum quod reprendatur, aut populus Romanus iudicabit de eo homine quem iam ante iudiciis indignum putarit, aut ei qui propter offensionem iudiciorum de veteribus iudicibus lege nova novi iudices erunt constituti. 70 (179) Mihi porro, ut ego non dicam, quis omnium mortalium non intellegit quam longe progredi sit necesse? Potero silere, Hortensi, potero dissimulare, cum tantum res publica vulnus acceperit ut expilata provincia, vexati socii, di immortales spoliati, cives Romani cruciati et necati impune me actore esse videantur? potero ego hoc onus tantum aut in hoc iudicio deponere aut tacitus sustinere? Non agitanda res erit, non in medium pro-

Dingen, so ist vor allem im öffentlichen Leben der Geist und der Zug der Zeiten von sehr großem Gewicht: doch wohl zu einer Zeit, da das römische Volk eine andere Art von Menschen und einen anderen Stand für die Rechtsprechung verlangt, ist ja doch schon ein Gesetzesantrag über die Neugestaltung der Gerichte und der Richterauswahl öffentlich angeschlagen.[172] Den hat nicht der veröffentlicht, unter dessen Namen ihr ihn angekündigt seht, sondern dieser Angeklagte, dieser Mann hier, betone ich, hat durch seine Hoffnung und Erwartung, die er auf euch setzt, dafür gesorgt, daß der Antrag entworfen und veröffentlicht wurde. (178) Daher war, als wir mit der ersten Verhandlung begannen, das Gesetz noch nicht veröffentlicht; als Verres, durch eure Strenge beunruhigt, durch viele Anzeichen den Eindruck vermittelte, daß er sich wohl nicht verantworten würde,[173] war von dem Gesetz noch keine Rede. Als er sich aber zu erholen und wieder Mut zu fassen schien, wurde der Gesetzesantrag sogleich öffentlich angeschlagen. Gegen dieses Gesetz spricht zwar sehr euer Ansehen, doch die falsche Hoffnung und einmalige Unverschämtheit des Verres begünstigen es in hohem Maße. Wenn sich jetzt jemand von euch zuschulden kommen läßt, was Tadel verdient, so wird entweder das römische Volk über diesen Mann Gericht halten, von dem es schon vorher geglaubt hat, daß er ein richterliches Verfahren nicht verdient, oder diejenigen, die wegen des anstößigen Verhaltens der Gerichte nach dem neuen Gesetz als neue Richter über die alten urteilen werden. 70 (179) Für mich gilt ferner: wer in aller Welt versteht nicht, wie weit zu gehen ich genötigt bin, auch wenn ich nicht davon spreche? Kann ich schweigen, Hortensius, kann ich es übersehen, wenn der Staat eine so schlimme Wunde empfangen hat, daß man eine Provinz ausgeplündert, Bundesgenossen mißhandelt, die unsterblichen Götter beraubt, römische Bürger gekreuzigt und getötet hat – und das trotz meiner Anklage ungestraft, wie es scheint? Kann ich diese schwere Last in diesem Verfahren ablegen oder sie schweigend ertragen? Muß ich nicht die Sache betreiben, nicht öffentlich zur

ferenda, non populi Romani fides imploranda, non omnes qui tanto se scelere obstrinxerunt ut aut fidem suam corrumpi paterentur aut iudicium corrumperent in discrimen aut iudicium vocandi?

(180) Quaeret aliquis fortasse, 'Tantumne igitur laborem, tantas inimicitias tot hominum suscepturus es?' Non studio quidem hercule ullo neque voluntate; sed non idem licet mihi quod iis qui nobili genere nati sunt, quibus omnia populi Romani beneficia dormientibus deferuntur; longe alia mihi lege in hac civitate et condicione vivendum est. Venit mihi in mentem M. Catonis, hominis sapientissimi et vigilantissimi; qui cum se virtute non genere populo Romano commendari putaret, cum ipse sui generis initium ac nominis ab se gigni et propagari vellet, hominum potentissimorum suscepit inimicitias, et maximis laboribus suis usque ad summam senectutem summa cum gloria vixit. (181) Postea Q. Pompeius, humili atque obscuro loco natus, nonne plurimis inimicitiis maximisque suis periculis ac laboribus amplissimos honores est adeptus? Modo C. Fimbriam, C. Marium, C. Caelium vidimus non mediocribus inimicitiis ac laboribus contendere ut ad istos honores pervenirent ad quos vos per ludum et per neglegentiam pervenistis. Haec eadem est nostrae rationis regio et via, horum nos hominum sectam atque instituta persequimur. 71 Videmus quanta sit in invidia quantoque in odio apud quosdam nobilis homines novorum hominum virtus et industria; si tantulum oculos deiecerimus, praesto esse insidias; si ullum locum aperuerimus suspicioni aut crimini, accipiendum statim vulnus esse;

Sprache bringen, nicht den Schutz des römischen Volkes anrufen, nicht alle zur Verantwortung oder vor Gericht ziehen, die in ein so schlimmes Verbrechen verwickelt sind, daß sie entweder ihre Pflicht vergaßen und sich bestechen ließen oder das Gericht bestachen?

(180) Manch einer wird vielleicht fragen: »Eine so große Mühe willst du also auf dich nehmen, dir die bittere Feindschaft so vieler Menschen zuziehen?« Jedenfalls nicht aus Neigung, wahrlich, und nicht auf eigenen Wunsch hin; aber mir ist nicht dasselbe erlaubt wie denen, die aus einem Adelsgeschlecht stammen, denen alle Gunsterweise des römischen Volkes im Schlaf zuteil werden; nach ganz anderen Gesetzen und Bedingungen muß ich in diesem Staat leben.[174] Mir fällt M. Cato ein, ein äußerst kluger und wachsamer Mann: Da er überzeugt war, daß er sich nur durch seine Tüchtigkeit, nicht durch seine Herkunft dem römischen Volk empfehlen könne, da nach seinem Wunsch der Anfang und der Name seines Geschlechtes von ihm selbst ausgehen und sich fortsetzen sollte, nahm er die Feindschaft mit den mächtigsten Männern auf sich und lebte in angestrengter Tätigkeit bis ins höchste Alter als ein ruhmreicher Mann. (181) Hat nicht danach Q. Pompeius, ein Mann von niedriger und einfacher Herkunft, unter zahlreichen Feindschaften und den größten persönlichen Gefahren und Mühen die höchsten Ehrenstellen erlangt? Erst jüngst haben wir erlebt, wie C. Fimbria, C. Marius und C. Caelius unter nicht geringen Anfeindungen und Anstrengungen sich darum bemühten, zu den Ämtern zu gelangen, zu denen ihr spielend und mit aller Bequemlichkeit gelangt seid.[175] Eben dies ist auch die Richtung und der Weg unseres Vorgehens; wir befolgen das Denken und Handeln und die Grundsätze dieser Männer. 71 Wir sehen, wie mißliebig und wie verhaßt bei manchen adligen Herren die Tüchtigkeit und der rege Fleiß von uns Neulingen ist; daß die Falle aufgestellt ist, wenn wir nur ein wenig die Augen abwenden; daß wir sofort eine Wunde hinnehmen müssen, wenn wir den geringsten Anlaß zu einem Verdacht oder Vorwurf geben; wir sehen, daß

semper nobis vigilandum, semper laborandum videmus. (182) Inimicitiae sunt, subeantur; labor, suscipiatur; etenim tacitae magis et occultae inimicitiae timendae sunt quam indictae atque apertae. Hominum nobilium non fere quisquam nostrae industriae favet; nullis nostris officiis benivolentiam illorum adlicere possumus; quasi natura et genere diiuncti sint, ita dissident a nobis animo ac voluntate. Quare quid habent eorum inimicitiae periculi, quorum animos iam ante habueris inimicos et invidos quam ullas inimicitias susceperis?

(183) Quam ob rem mihi, iudices, optatum illud est, in hoc reo finem accusandi facere, cum et populo Romano satis factum et receptum officium Siculis, necessariis meis, erit persolutum; deliberatum autem est, si res opinionem meam quam de vobis habeo fefellerit, non modo eos persequi ad quos maxime culpa corrupti iudici, sed etiam illos ad quos conscientiae contagio pertinebit. Proinde si qui sunt qui in hoc reo aut potentes aut audaces aut artifices ad corrumpendum iudicium velint esse, ita sint parati ut disceptante populo Romano mecum sibi rem videant futuram; et si me in hoc reo, quem mihi inimicum Siculi dederunt, satis vehementem, satis perseverantem, satis vigilantem esse cognorunt, existiment in iis hominibus quorum ego inimicitias populi Romani salutis causa suscepero multo graviorem atque acriorem futurum.

72 (184) Nunc te, Iuppiter Optime Maxime, cuius iste donum regale, dignum tuo pulcherrimo templo, dignum Capitolio atque ista arce omnium nationum, dignum regio mu-

wir immer wachsam sein, immer uns anstrengen müssen. (182) Es gibt Feindschaften: man ertrage sie – anstrengende Tätigkeit: man nehme sie auf sich. Denn stille und geheime Feindschaften muß man mehr fürchten als erklärte und offene. Denn keiner der adligen Herren blickt freundlich auf unsere rastlose Tätigkeit; durch keine Dienste unsererseits können wir ihr Wohlwollen gewinnen; als ob sie von Natur und Geburt her verschieden wären, so setzen sie sich in ihrer Denkweise und ihren Neigungen von uns ab. Was für eine Gefahr weist daher die Feindschaft von Leuten auf, deren Gefühle schon feindselig und gehässig gegen dich waren, bevor du dir irgendeine Feindschaft mit ihnen zugezogen hast?

(183) Deshalb ist es mein Wunsch, ihr Richter, mit diesem Angeklagten meine Tätigkeit als Ankläger zu beenden, wenn ich dem römischen Volk Genüge getan und die von mir gegenüber den Siziliern, meinen Schützlingen, übernommene Verpflichtung erfüllt habe. Nach reiflicher Überlegung aber steht für mich fest: wenn der Ausgang die Meinung, die ich von euch habe, enttäuschen sollte, dann werde ich nicht nur die verfolgen, welche die Hauptschuld an der Bestechung der Gerichte trifft, sondern auch jene, die mit dem Makel der Mitwisserschaft belastet sind. Wenn es deshalb einige gibt, die bei diesem Angeklagten ihre Macht oder Frechheit oder Schlauheit dazu verwenden wollen, das Gericht zu bestechen, so mögen sie gewärtig sein, daß sie es vor dem Gericht des römischen Volkes mit mir zu tun haben werden. Und wenn sie erkannt haben, daß ich bei diesem Angeklagten, den mir die Sizilier als Gegner zugewiesen haben, hinreichend energisch, hinreichend beharrlich, hinreichend wachsam bin, dann mögen sie darauf gefaßt sein, daß ich bei den Leuten, deren Feindschaft ich mir um des Wohles des römischen Volkes willen zuziehe, noch viel strenger und schärfer sein werde.

72 (184) Jetzt rufe ich dich an, allgütiger, allmächtiger Jupiter, dessen königliche Weihegabe, würdig deines wunderschönen Tempels, würdig des Kapitols und der Burg aller Völker,

nere, tibi factum ab regibus, tibi dicatum atque promissum, per nefarium scelus de manibus regiis extorsit, cuiusque sanctissimum et pulcherrimum simulacrum Syracusis sustulit; teque, Iuno Regina, cuius duo fana duabus in insulis posita sociorum, Melitae et Sami, sanctissima et antiquissima, simili scelere idem iste omnibus donis ornamentisque nudavit; teque, Minerva, quam item duobus in clarissimis et religiosissimis templis expilavit, Athenis, cum auri grande pondus, Syracusis, cum omnia praeter tectum et parietes abstulit; (185) teque, Latona et Apollo et Diana, quorum iste Deli non fanum, sed, ut hominum opinio et religio fert, sedem antiquam divinumque domicilium nocturno latrocinio atque impetu compilavit; etiam te, Apollo, quem iste Chio sustulit; teque etiam atque etiam, Diana, quam Pergae spoliavit, cuius simulacrum sanctissimum Segestae, bis apud Segestanos consecratum, semel ipsorum religione, iterum P. Africani victoria, tollendum asportandumque curavit; teque, Mercuri, quem Verres in domo et in privata aliqua palaestra posuit, P. Africanus in urbe sociorum et in gymnasio Tyndaritanorum iuventutis illorum custodem ac praesidem voluit esse; (186) teque, Hercules, quem iste Agrigenti nocte intempesta servorum instructa et comparata manu convellere suis sedibus atque auferre conatus est; teque, sanctissima mater Idaea, quam apud Enguinos augustissimo et religiosissimo in templo sic spoliatam reliquit ut nunc nomen modo Africani et vestigia violatae religionis maneant, monumenta victoriae fanique ornamenta non exstent; vosque, omnium rerum forensium, consiliorum maximorum, legum iudiciorumque

würdig, das Geschenk eines Königs zu sein, dir von Königen angefertigt, dir geweiht und versprochen, Verres in ruchlosem Frevel den königlichen Händen entwunden und dessen hochheiliges und wunderschönes Bildnis er aus Syrakus entwendet hat[176] – und dich, Königin Juno, deren zwei hochheilige und uralte Tempel, auf zwei Inseln unserer Bundesgenossen gelegen, auf Melita und Samos, derselbe Verres in ähnlichem Frevel aller Weihegaben und Schmuckstücke beraubt hat[177] – und dich, Minerva, die er ebenfalls in zwei hochberühmten und heiligen Tempeln ausgeplündert hat, in Athen, indem er eine große Menge Gold, in Syrakus, indem er alles außer dem Dach und den Wänden entwendet hat[178] – (185) und dich, Latona und Apollo und Diana, denen Verres auf Delos nicht nur ein Heiligtum, sondern, wie der fromme Glaube der Einwohner berichtet, die alte Heimat und den göttlichen Wohnsitz in einem nächtlichen Raubüberfall geplündert hat[179] – abermals dich, Apollo, den er von Chios weggenommen, und nochmals dich, Diana, die er in Perge beraubt hat, deren hochheiliges Bildnis in Segesta, das bei den Segestanern zweimal geweiht war, das eine Mal aus eigenem religiösen Empfinden, das andere Mal nach dem Sieg des P. Africanus, er abbauen und fortschaffen ließ[180] – und dich, Merkur, den Verres in einem Privatbesitz, am Ringplatz eines Privatmannes aufgestellt hat, während er nach dem Willen des P. Africanus in einer Bundesgenossenstadt im Gymnasium der Tyndaritaner Beschützer und Schirmherr von deren Jugend sein sollte[181] – (186) und dich, Herkules, den er in Agrigent in tiefer Nacht durch eine wohlgerüstete und kampfbereite Sklavenbande von seinem Platz loszureißen und wegzuschaffen suchte[182] – und dich, hochheilige Mutter vom Ida, die er in Engyon in ihrem erhabenen und heiligen Tempel so ausgeplündert zurückließ, daß jetzt nur noch der Name des Africanus und die Spuren des Religionsfrevels bestehen, die Denkmäler des Sieges und die Schmuckstücke des Tempels aber nicht mehr vorhanden sind[183] – und euch, Beobachter und Zeugen aller Vorgänge auf dem Forum, der wichtigsten Beratungen, der Gesetze und

arbitri et testes celeberrimo in loco populi Romani locati, Castor et Pollux, quorum e templo quaestum iste sibi et praedam improbissimam comparavit; omnesque di qui vehiculis tensarum sollemnis coetus ludorum invisitis, quorum iter iste ad suum quaestum, non ad religionum dignitatem faciundum exigendumque curavit; (187) teque, Ceres et Libera, quarum sacra, sicut opiniones hominum ac religiones ferunt, longe maximis atque occultissimis caerimoniis continentur, a quibus initia vitae atque victus, morum, legum, mansuetudinis, humanitatis hominibus et civitatibus data ac dispertita esse dicuntur, quarum sacra populus Romanus a Graecis adscita et accepta tanta religione et publice et privatim tuetur, non ut ab illis huc adlata, sed ut ceteris hinc tradita esse videantur, quae ab isto uno sic polluta ac violata sunt ut simulacrum Cereris unum, quod a viro non modo tangi sed ne aspici quidem fas fuit, e sacrario Catina convellendum auferendumque curarit, alterum autem Henna ex sua sede ac domo sustulerit, quod erat tale ut homines, cum viderent, aut ipsam videre se Cererem aut effigiem Cereris non humana manu factam, sed de caelo lapsam arbitrarentur, (188) – vos etiam atque etiam imploro et appello, sanctissimae deae, quae illos Hennensis lacus lucosque incolitis, cunctaeque Siciliae, quae mihi defendenda tradita est, praesidetis, a quibus inventis frugibus et in orbem terrarum distributis omnes gentes ac nationes vestri religione numinis continentur; ceteros item deos deasque omnis imploro et obtestor, quorum templis et religionibus iste nefario quodam furore et audacia instinctus bellum sacrilegum semper impiumque habuit indictum, ut,

Gerichte, aufgestellt am belebtesten Platz des römischen Volkes, Kastor und Pollux, aus deren Tempel sich Verres Gewinn und Beute der schändlichsten Art verschafft hat[184] – und euch, ihr Götter alle, die ihr auf Festwagen die feierlichen Versammlungen bei den Spielen besucht, deren Weg er zu seinem Gewinn, nicht zur würdigen Begehung des heiligen Festes herstellen und ausbauen ließ[185] – (187) und dich, Ceres und Libera, deren Kult, wie die Meinung und das religiöse Empfinden der Menschen bekunden, sich in den weitaus erhabensten und geheimsten feierlichen Handlungen vollzieht, die, wie es heißt, den Menschen und Staaten die Grundlagen des Lebens und der Ernährung, der Sitten, der Gesetze, der Zivilisation und der Menschlichkeit geschenkt und zugeteilt haben, deren Kult das römische Volk von den Griechen übernommen und empfangen hat und von Staats wegen und im Privatleben mit solcher Gewissenhaftigkeit wahrnimmt, daß es so aussieht, als ob er nicht von den Griechen hierhergebracht, sondern von hier den übrigen Menschen übermittelt worden ist, deren Kult dieser eine Mann entweiht und verletzt hat; ließ er doch ein Bildnis der Ceres, das ein Mann nicht einmal anschauen, geschweige denn berühren darf, aus dem Heiligtum von Catina losreißen und wegschaffen; ein anderes aber nahm er in Henna aus dessen Standort und Hause weg, und dieses Bildnis war so vollkommen, daß die Leute, sooft sie es sahen, entweder Ceres selbst oder ein Bild der Ceres, das nicht von Menschenhand verfertigt, sondern vom Himmel herabgeglitten sei, zu erblicken glaubten[186] – (188) auch euch flehe und rufe ich wieder und wieder an, ihr heiligen Göttinnen, die ihr die Seen und Haine von Henna bewohnt und über ganz Sizilien wacht, das mir zur Verteidigung anvertraut ist, die ihr die Feldfrüchte erfunden und über den Erdkreis verbreitet habt, so daß sich alle Völker und Stämme in der Verehrung eures göttlichen Waltens einig sind – ebenso rufe ich alle übrigen Götter und Göttinnen an und beschwöre sie, deren Tempeln und Kultgegenständen Verres, von einer ganz ruchlosen Wut und Bosheit getrieben, stets einen frevelhaften und gottlosen Krieg er-

si in hoc reo atque in hac causa omnia mea consilia ad salutem sociorum, dignitatem rei publicae, fidem meam spectaverunt, si nullam ad rem nisi ad officium et virtutem omnes meae curae vigiliae cogitationesque elaborarunt, quae mea mens in suscipienda causa fuit, fides in agenda, eadem vestra sit in iudicanda; (189) deinde uti C. Verrem, si eius omnia sunt inaudita et singularia facinora sceleris, audaciae, perfidiae, libidinis, avaritiae, crudelitatis, dignus exitus eius modi vita atque factis vestro iudicio consequatur, utique res publica meaque fides una hac accusatione mea contenta sit, mihique posthac bonos potius defendere liceat quam improbos accusare necesse sit.

klärt hat, so gewiß wie bei diesem Angeklagten und in dieser Sache alle meine Überlegungen auf das Wohl der Bundesgenossen, die Ehre unseres Staates und meine Pflichttreue gerichtet waren; so gewiß wie sich alle meine Bemühungen, durchwachten Nächte und Gedanken um nichts anderes bemüht haben als um eine unbeirrbare Pflichterfüllung, so möge die Gesinnung, die ich bei der Übernahme der Sache, die Pflichttreue, die ich bei ihrer Behandlung gezeigt habe, ebenso bei der richterlichen Entscheidung auf eurer Seite sein; (189) möge dann den C. Verres, so gewiß wie alle die Taten seiner Ruchlosigkeit, Frechheit, Treulosigkeit, Lüsternheit, Habgier und Grausamkeit unerhört und beispiellos sind, durch euer Urteil ein Ende treffen, wie es ein solches Leben und solche Taten verdienen; und möge sich der Staat und mein Pflichtgefühl mit dieser einen Anklage meinerseits zufriedengeben können, und möge es mir künftig vergönnt sein, lieber rechtschaffene Menschen verteidigen als Bösewichte anklagen zu müssen.[187]

Zum Text

Der lateinische Text folgt der Ausgabe von G. Peterson, *M. Tulli Ciceronis Orationes*, Bd. 3, Oxford: Clarendon Press, 1907, ²1917 (Repr. 1930 [u. ö.], zuletzt 1978). An folgenden Stellen liegt der Übersetzung eine andere Lesart zugrunde.

	Peterson	*Reclam*
12	rem publicam haec ubi eveniant:	rem publicam; haec ubi eveniant,
16	*nescio quid* attulit	attulit
24	pecuniosissimis	pecuniosis
42	isto praeclare	isto praetore praeclare
47	Heius, princeps civitatis,	Heius,
48	– id quod perspicio et ... litteris –	perspicio id ... litteris
55	societatis, pactionis	societatis pactores
57	Primum *enim* in *vi* et metu	Primum in et metu
59	Ea fuit merces	Ea fuit tui merces
71	omnes	omnium
80	regia – quae regis Hieronis fuit, qua praetores uti solent –	regia
94	acta commemorabatur	actae commemorabantur
100	*omnium* hominum	hominum
102	rogat ut in sua	rogat ut id facere desistant et in sua
112	mulieris	mulieris savia
113	testimonium sceleratorumque	crimina sua scelerumque
116	sed secum *cum* ipse	sed secum ipse
117	nauarchus, homo nobilissimus	nauarchus
121	tibi neque illis	illis neque tibi
126	et eius legis	et vos eius legis
155	Syracusis	Syracusanis
179	expilatae provinciae	expilata provincia

Anmerkungen

Alle im folgenden genannten Jahreszahlen gelten für die Zeit vor Christi. Stellenverweise ohne Werkangabe beziehen sich auf die *Reden gegen Verres*. Dabei bezeichnet z. B. 1,1: Erste Rede, § 1; 2,1,1: Zweite Rede, erstes Buch, § 1. Die im Übersetzungstext halbfett gedruckte Kapitelzählung ist für die Zitierweise ohne Bedeutung.

1 Die Übersetzung von *iudices* mit »Richter« kann im Deutschen leicht falsche Assoziationen hervorrufen. Es handelt sich hier nicht um Berufs-, sondern um Laienrichter, die vom Prätor aus einer Liste (*decuria* »Abteilung«) vorgeschlagen und von den Parteien gebilligt wurden. Diese Laienrichter waren seit Sullas Reform Senatoren.

2 Rom führte in dieser Zeit nicht nur Krieg gegen Mithradates im Osten, sondern hatte sich auch gegen die aufständischen Sklaven unter Spartacus in Italien zu wehren.

3 M'. Aquilius (Konsul 101) machte in den Jahren 101-99 dem zweiten sizilischen Sklavenaufstand unter Athenion ein Ende. Nach seiner Rückkehr nach Rom wurde er wegen Erpressungen angeklagt; M. Antonius (Konsul 99) verteidigte ihn glänzend und erreichte, daß er wegen seiner Tapferkeit freigesprochen wurde.

4 Von Athenion; dieser wurde von Aquilius im gleichen Kampf getötet.

5 Dem Repetundengesetz.

6 M. Licinius Crassus Dives (Konsul 70 und 55) erhielt 72 ein proconsularisches Imperium zur Beendigung des Sklavenkrieges; in 6 Monaten vernichtete er Spartacus und seine Anhänger; die aus der Schlacht entkommenen Sklaven vernichtete Pompeius (71).

7 *An den Ozean:* auf dem Landweg an den Atlantik; Peloris: die nordöstliche Spitze Siziliens (heute: Capo di Faro).

8 L. Domitius Ahenobarbus war 97 Prätor; er war ein strenger Statthalter in Sizilien.

9 Der Hirte war also Sklave.

10 C. Norbanus: Konsul 83, Statthalter von Sizilien 87; vgl. 2,3,117. Im Bundesgenossenkrieg (91-88) erkämpften sich Roms Verbündete das römische Bürgerrecht.

11 Triokala, ein Städtchen im Inneren Siziliens (etwa 50 km nordwestlich von Agrigent, heute: Troccoli), diente während des

2. sizilischen Sklavenaufstandes (104-101) dem Tryphon, einem Anführer der aufständischen Sklaven, als Residenz.

12 *Die Mitglieder des Richterrates:* die Beisitzer mit beratender Stimme, die Verres hinzuzog, wenn er Gericht hielt. *Verband der römischen Bürger:* der Zusammenschluß aller in einer Provinzstadt ansässigen römischen Bürger. Aus dieser Bezirksversammlung mußten die Richter für bestimmte Angelegenheiten bestellt werden. Vgl. 2,3,28.

13 *Durch das Anbinden an den Pfahl:* der Kreuzigung gingen Geißelhiebe und Folterungen voran. Vgl. 2,5,14.

14 Für Gavius. Vgl. 2,5,158 ff.

15 L. Aemilius Paullus Macedonicus (Konsul 182 und 168) besiegte Perseus von Makedonien in der Schlacht bei Pydna (168). Vgl. 2,1,55.

16 Apollonia: Stadt in der Nähe der Nordküste (heute: S. Fratello). Vgl. 2,3,103. Imachara: innersizilisches Städtchen westlich des Ätna. Vgl. 2,3,47.

17 Halikyai: Stadt im Inneren Siziliens. Vgl. 2,3,13.

18 Um den teuer gekauften Sklaven zurückzuerhalten.

19 Cn. Cornelius Lentulus Clodianus (Konsul 72; vgl. 2,2,95) war im Jahre 70 Zensor.

20 Verres.

21 Die Rutenbündel (*fasces*), in denen Beile steckten, waren die Symbole staatlicher Strafgewalt; sie wurden den römischen Beamten von Liktoren vorangetragen. Verres als Statthalter mit prätorischer Amtsgewalt hatte sechs Liktoren. Vgl. 2,2,11; 2,4,8.

22 Q. Fabius Maximus Verrucosus war Konsul 233, 228, 215, 214 und 209. Im 2. Punischen Krieg wich er einem offenen Kampf mit Hannibal aus. Diese hinhaltende Taktik brachte ihm den Beinamen *Cunctator* »der Zauderer« ein.

23 Der Favonius ist der Zephyr, ein warmer Westwind, der im Februar zu wehen beginnt. Aber so früh wollte Verres den Frühling nicht beginnen lassen; er wartete, bis die Rosen blühten, d. h. bis zum Ende des Frühlings.

24 Bithynien: Landschaft im NW Kleinasiens mit der Hauptstadt Nikomedeia. Der letzte König, Nikomedes IV. mit dem Beinamen Philopator, vermachte sein Reich den Römern. Er starb im Jahre 74. Melitisches Polster: Stoffe aus Melita (heute: Malta) zeichneten sich durch ihre Feinheit aus. Vgl. 2,2,176.

25 Liber: der lateinische Name für Dionysos, den Gott des Weines. Vgl. 2,2,176.

26 Bei den Trinkgelagen der Griechen und Römer wurde von den Teilnehmern ein Präside (*rex convivii*) gewählt, der die Zahl der Becher, das Mischungsverhältnis von Wein und Wasser u. a. bestimmte.

27 Die von Cicero hier aufgezählten Umstände konnten gerade im Sommer zu Sklavenrevolten führen und verlangten von den Statthaltern besondere Aufmerksamkeit.

28 Vgl. 2,4,118.

29 Vgl. 2,3,78.

30 Einen Umhang (*pallium*) pflegten nur Griechen zu tragen, und die bis an die Knöchel reichende Tunica war eigentlich ein Frauengewand. Vgl. 2,4,54; 2,5,40.86.137.

31 Vgl. 2,5,3.

32 Verres war stark verschuldet; der Gläubiger hatte beim Prätor erwirkt, ihn gewaltsam in Schuldhaft abführen zu dürfen; Verres aber gab sich dem Gläubiger zur Befriedigung von dessen Lust hin.

33 Stadt in Oberitalien (heute: Piacenza). Der »Glücksspieler« wird von Cicero – wohl aus Rücksicht – nicht genannt.

34 Die Schulden, die er im Lager des »Glücksspielers« gemacht hatte, tilgte er mit dem Geld, das er seinen Liebhabern erhielt.

35 L. Licinius Lucullus und M. Aurelius Cotta waren im Jahre 74 Konsuln, als Verres Stadtprätor war.

36 Chelidon: Vgl. 2,1,104.106.120.136 ff.; 2,2,39; 2,3,78.

37 Verres hatte die Stadtgrenze (*pomerium*) überschritten und damit Rom verlassen. Er hatte die Toga mit dem purpurfarbenen Feldherrnmantel (*paludamentum*) vertauscht und die Auspizien, die Beobachtung des Vogelfluges, angestellt. Er durfte daher nicht in die Stadt zurückkehren, um nicht die Auspizien ungültig zu machen und damit seine Kommandogewalt zu verlieren. Denn ohne gültige Auspizien durfte kein Römer ein selbständiges Kommando ausüben. So verstieß Verres durch seine heimlichen Besuche in der Stadt gegen sakralrechtlich gesicherte Bestimmungen der römischen Verfassung.

38 Der Name »Ädil« leitet sich von *aedes* (Tempel) ab. Die Aufsicht über die Tempel war die ursprüngliche Aufgabe der Ädilen. Dazu kam später die Marktaufsicht in der Stadt, die Sorge für die Straßen und Plätze und die Ausrichtung der Götterfeste und der öffentlichen Spiele (*cura ludorum*).

39 Die hier genannten Spiele zu Ehren der Ceres, des Liber und der Libera (der Demeter, des Dionysos und der Persephone;

vgl. 2,4,106 und 128), die *ludi Ceriales*, fanden in der Zeit vom 12.-19. April statt; die Spiele der Flora, einer italischen Vegetationsgöttin, vom 28. April bis zum 3. Mai; die *ludi Romani* (die römischen Spiele zu Ehren Jupiters, Junos und Minervas) vom 5.-19. September. Vgl. 1,31.

40 Die Senatoren wurden vom die Sitzung leitenden Konsul in einer bestimmten Reihenfolge aufgerufen. Als erste sprachen die Konsularen, dann die Prätorier, danach die kurulischen Ädilen, schließlich die Tribunizier und Quästorier. Diese Rangfolge wurde genau eingehalten. Niemand wagte außerhalb dieser Rangfolge zu sprechen. Durch die Ernennung zum Ädilen erlangte Cicero eine höhere Position. Die purpurverbrämte Toga, der kurulische Stuhl und das Bildnisrecht (*ius imaginum*; vgl. 2,4,81) waren Privilegien, die nur den kurulischen Beamten (vom Ädilen an aufwärts) zukamen.

41 Verres hat sich angeblich, wie Cicero öfter betont (vgl. 2,1,100; 2,4,45), die Prätur durch Bestechung erkauft.

42 Die Prätoren wurden wie alle höheren Magistrate von den Zenturiatskomitien gewählt. Die Bürger waren nach ihrem Vermögen in 193 Stimmabteilungen (Zenturien) eingeteilt. Zuerst stimmten die Zenturien der Ritter und der ersten Klasse ab, dann die der zweiten Klasse. Innerhalb jeder Klasse kamen bei der Abstimmung die Zenturien der Jüngeren, der Wehrpflichtigen (Wehrpflicht bis zum 46. Lebensjahr) vor denen der Älteren. Der Herold gab das Ergebnis zenturienweise bekannt.

43 Die Aufsicht über die Zivilrechtsprechung unter römischen Bürgern. Vgl. 2,1,104.

44 Sich als Feldherr zu beweisen. Die Stadt Tempsa (in Bruttium gelegen; heute: Torre del Casale) wurde offenbar von Resten aus dem Heer des Spartacus überfallen. Verres kam den Tempsanern nicht zu Hilfe. Vgl. 2,5,41.

45 Die Einwohner der Stadt Vibo, die von den Römern den Namen Valentia erhalten hatte; sie lag auch in Bruttium, etwa auf halbem Wege zwischen Messina und Tempsa (heute: Monteleone).

46 Vgl. 2,5,31.

47 D. h. in einer Tracht, die eines römischen Statthalters unwürdig war. Vgl. 2,4,54; 2,5,31.86.137.

48 Der Tempel der Bellona, der römischen Kriegsgöttin, stand auf dem Marsfeld. In ihm fanden oft Senatssitzungen statt.

49 Die Mamertiner (»Söhne des Mars«) waren aus Kampanien stammende Söldner des syrakusanischen Tyrannen Agathokles.

Sie hatten sich nach dessen Tode im Jahre 288 der Stadt Messana (heute: Messina) bemächtigt. Vgl. 2,2,13. Zum folgenden vgl. 2,2,13.114; 2,4,3.15 ff.150.

50 Stadt in Lukanien, an der tyrrhenischen Küste gelegen, etwa 35 km südöstlich von Paestum.

51 Auf der Rückreise von Sizilien. Vgl. 2,2,99.

52 Die Lex Claudia (*de senatoribus*) des Jahres 218 verbot den Senatoren den Besitz von Schiffen, die mehr als 300 Amphoren (1 Amphore = etwa 26 l) zu fassen vermochten.

53 Den Statthaltern war es verboten, in der Provinz Geschäfte zu machen. Solche Erwerbstätigkeit in einer Provinz fiel unter das Repetundengesetz. Vgl. 2,3,169; 2,4,8 ff.

54 Die Bewohner von Regium an der Meerenge von Messina (heute: Reggio). Vgl. 2,4,26.

55 Ein sehr altes Priesterkollegium, das den gesamten völkerrechtlichen Verkehr überwachte. Die Hauptaufgabe war, im Auftrage des Staates Bündnisse zu schließen und Kriege zu erklären.

56 Tauromenier: die Bewohner der Stadt Tauromenion (heute: Taormina). Vgl. 4,3,13.

57 M. Terentius Varro Lucullus und C. Cassius Longinus waren Konsuln im Jahre 73. Sie erließen auf Grund eines Senatsbeschlusses ein Gesetz zum Kauf von Getreide in Sizilien.

58 Es handelt sich um das *frumentum emptum* (»Kaufgetreide«). Da das Zehntgetreide zur Versorgung der römischen Bevölkerung nicht ausreichte, wurde Verres angewiesen, für eine bestimmte Geldsumme Getreide in der Provinz zu kaufen. Vgl. 2,3,163 ff.

59 Als Bewohner einer *civitas censoria*, deren Grund und Boden römisches Staatsland (*ager publicus*) war. In Sizilien hatte man dieses – entgegen sonstigem Brauch – den Gemeinden zurückgegeben. Doch mußten diese einen Bodenzins und den zehnten Teil ihrer Erträgnisse an den römischen Staat entrichten. Beide Abgaben wurden von den Zensoren in Rom verpachtet. Vgl. 2,3,13.

60 Vgl. 2,4,20.

61 L. Licinius Sacerdos und Sex. Peducaeus waren als Statthalter von Sizilien (74 und 76-75) die Amtsvorgänger des Verres. Vgl. 2,3,156.

62 Bewohner der Stadt Netum, einer Sikulerstadt im Inneren Siziliens, etwa 30 km südwestlich von Syrakus (heute: Noto antica). Vgl. 2,4,59.

63 Vgl. 2,4,19.

64 *Kolonien:* von Römern oder Latinern gegründete Gemeinden.

Munizipalstädte: eingebürgerte, ehemals autonome Siedlungen der italischen Verbündeten; ihre Bewohner besaßen seit dem Bundesgenossenkrieg (91-88) das volle römische Bürgerrecht.

65 Mit den »Bundesgenossen und Latinern« (*socii et Latini*) ist die Gesamtheit der italischen Verbündeten gemeint. Diese waren zunächst durch Militärverträge mit Rom verbunden. Nachdem aber alle Italiker das römische Bürgerrecht erhalten hatten, stellten sie keine besonderen Truppenkontingente mehr, sondern dienten in den römischen Legionen.

66 Denen, die auf den Schiffen Dienst taten.

67 Ein Quästor und ein Adjutant (*legatus*) des Verres. Vgl. 2,4,146; 2,2,49.

68 D. h. Gefangene, die als Sklaven verkauft werden sollten.

69 Megaris: benannt nach der im 2. Punischen Krieg zerstörten Stadt Megara (etwa 20 km nördlich von Syrakus).

70 D. h., er läßt sie hinrichten.

71 P. Servilius Vatia Isauricus (Konsul 79) bekämpfte 78-75 als Proconsul in Kilikien erfolgreich die Seeräuber. Vgl. 2,1,56 f.; 2,3,210 f.; 2,4,21.

72 Das *hunc* macht Schwierigkeiten, da der als Ersatz dienende »Räuberhauptmann« bisher nicht erwähnt wurde.

73 Zur Hinrichtung.

74 Q. Sertorius (Quästor 90), ein Anhänger des Marius, beabsichtigte, in Spanien einen eigenen Staat zu gründen. Er wurde von Pompeius bekämpft und von Verschwörern aus den eigenen Reihen ermordet. Vgl. 2,5,146.151 ff.

75 Vgl. 2,5,143 ff.

76 Ironisch gemeint.

77 Der Prätor M'. Glabrio ist der Vorsitzende der Geschworenenkammer. Vgl. 1,4.

78 Wenn du nicht von den Seeräubern mit Geld bestochen worden wärest.

79 P. Servilius Vatia Isauricus: vgl. 2,5,66 mit Anm. 71.

80 Cicero droht mit einem Verfahren wegen Hochverrats. Vgl. 2,1,12.

81 Vgl. 2,5,29 f.

82 Vgl. 2,4,117 f.

83 *Praetextatus:* eigtl. »eine purpurverbrämte Toga tragend«. Die *toga praetexta*, die mit Purpurrand versehene Toga, durfte außer Magistraten und etlichen Priestern kein römischer Bürger tragen. Es war aber üblich, daß Senatoren- und Ritterkinder, bevor sie

erwachsen wurden (bis zum 17. Lebensjahr), eine Praetexta trugen. Vgl. 2,1,113.151 f.
84 Vgl. 2,5,31; 2,3,78.
85 Vgl. 2,3,77.
86 Vgl. 2,5,31.112; 2,2,36.
87 Es handelt sich um das »Vorrats-« oder »Schätzgetreide«, das dem Statthalter und den übrigen Beamten zustand. Vgl. 2,3,188 ff.
88 Militärische Chargen unterhalb des Legaten.
89 Es klingt merkwürdig, wenn Cicero hier sagt, daß ein Mann aus Centuripae besser zum Kommandanten der Flotte getaugt hätte als ein Syrakusaner. Denn in § 70 hat er die Menschen von Centuripae als richtige »Landratten« hingestellt, die nie mit Seeräubern in Berührung gekommen seien und einen echten Piraten nicht von einem unechten unterscheiden könnten.
90 Das gilt nur für die Einwohner von Segesta. Sie stammten der Sage nach von den Troern des Äneas ab. Vgl. 2,3,13; 2,4,72; 2,5,125.
91 M. C. Marcellus hatte im 2. Punischen Krieg als Proconsul den Oberbefehl in Sizilien und eroberte 212 Syrakus. Vgl. 2,4,115 ff.
92 Segesta: im westlichen Sizilien; Tyndaris: Stadt an der Nordküste, etwa 50 km westlich von Messina (heute: S. Maria di Tindaro); Herbita: Sikulerstadt im Inneren Siziliens; Herakleia: Stadt an der Südküste Siziliens, etwa 25 km nordwestlich von Agrigent (heute: Ereclea Minoa); Apollonia: Stadt in der Nähe der Nordküste (heute: S. Fratello); Haluntion: Stadt in der Nähe von Apollonia. Vgl. 2,3,103 und 47.
93 D. h. in einer Tracht, die eines römischen Statthalters unwürdig war. Vgl. 2,4,54; 2,5,31.40.137.
94 Vorgebirge an der Südostecke Siziliens (heute: Capo Passero).
95 Ebenfalls ein Vorgebirge an der Südostecke Siziliens, etwa 10 km westlich des Pachynos.
96 Stadt im Südosten der Insel. Vgl. 2,3,103.
97 Die Bewohner von Lokroi, einer von griechischen Kolonisten aus Lokris gegründeten Stadt im Lande der Bruttier, an der Küste des Ionischen Meeres, 4 km südwestlich des heutigen Locri.
98 Als Verres Legat in Kleinasien war, hatte sein Gefolge die Tochter eines angesehenen Bürgers entführen und zu ihm bringen wollen. Aus Entrüstung darüber hatten die Einheimischen das Quartier des Verres stürmen und anzünden wollen. Vgl. 2,1,67.
99 C. Fabius Hadrianus war Statthalter der Provinz Afrika (82). Wegen seiner Habgier wurde er in seinem Haus in Utica lebendig verbrannt.

100 Die Vereinigung der römischen Bürger in Syrakus wäre ebenfalls in Verruf geraten, wenn die Menge dem Verres als Vertreter römischer Hoheitsrechte Gewalt angetan hätte. Vgl. 2,1,68.

101 Vgl. 2,4,117.

102 Bildliche Ausdrucksweise: gemeint ist Verres, der als Statthalter Inhaber des Imperiums war und die damit verbundenen Hoheitszeichen (*fasces*) innehatte.

103 Übertrieben: nach Thukydides bestand die athenische Expeditionsflotte aus 100 Schiffen, dazu kamen etwa 30 Schiffe der Verbündeten. Später wurden noch 73 Schiffe zur Verstärkung nach Sizilien geschickt. Vgl. Thuk. 7,59.70 f.

104 Dort endete 413 die sizilische Expedition.

105 Vgl. 2,5,84 f.

106 Weil er gefangene Seeräuber, die hingerichtet werden sollten, verschont hatte. Vgl. 2,5,64 ff.

107 Vgl. 2,2,22; 2,3,90 f.

108 Vgl. 2,2,82 ff.

109 Aristeus. Verres beachtet den Einwurf nicht, sondern macht neue, haltlose Vorwürfe.

110 Vgl. 2,3,185. Ehrenzeichen für besondere Leistungen.

111 Von den Liktoren, die ihn auszupeitschen drohten.

112 Aufforderung an den Liktor.

113 Auf Befehl des Verres, der das Geld dafür einsteckte.

114 Schwager des Verres; er war einer seiner Quästoren im letzten Jahr seiner Amtszeit. Vgl. 2,3,168.

115 Cervius gehörte also zu den Richtern, die Verres vor Beginn des Prozesses abgelehnt hatte. Vgl. 2,1,17 f.; 2,3,97.

116 Vgl. 2,5,105.

117 Bittere Ironie: die Verurteilten mußten »ihren« Sextius bei guter Laune halten.

118 Daher sind sie nicht frei von Vorurteilen und infolgedessen nicht glaubwürdig, meint Verres.

119 Sinn: das Unglück trifft die Kapitäne, aber doch (*tamen*) kann jeden von uns das gleiche Schicksal ereilen, sagten sich die Zuschauer.

120 Vgl. 2,5,90.

121 Vgl. 2,4,73 ff.91.97 f.

122 Die sich den Römern gegenüber als besonders treu erwiesen hatten.

123 Cicero spricht hier die Leute aus Tyndaris an.

124 Hafenstadt am Südufer des Marmarameeres. Vgl. 2,4,135.

125 Der Name Achaia wurde damals für die Teile Griechenlands verwendet, die einst dem Achäischen Seebund (er umfaßte 191-146 die gesamte Peloponnes mit rund 60 Poleis) angehörten.

126 Gemeint ist die *quaestio de repetundis*, die für Erpressungen zuständige Geschworenenkammer.

127 Vgl. 2,2,82 ff.

128 Vgl. 2,2,12.64 f. 139.156; 2,3,126.

129 *Mars communis* ist eine Anspielung auf die Redensart: *Mars communis belli* »Das Kriegsglück ist allen gemein«, d. h. es wechselt. *Venus communis* bezieht sich darauf, daß die Ehefrauen ihren Männern und Verres gemeinsam waren.

130 Netiner: Bewohner der Stadt Netum, vgl. 56 mit Anm. 62; Amestratos: unbedeutendes Städtchen im Norden der Insel (heute: Mistretta), vgl. 2,3,88; Herbita, Tyndaris: vgl. 86 mit Anm. 92; Henna: Stadt in der Mitte Siziliens (heute: Enna); Agyrion: Stadt im Inneren Siziliens, etwa 25 km nordöstlich von Henna (heute: Agira), vgl. 2,3,47.

131 Damit scheint der Richter und künftige Prätor M. Caecilius Metellus gemeint zu sein. Vgl. die *Erste Rede gegen Verres* 26,30 ff.

132 Römische Bürger durften von den römischen Beamten nicht wie Fremde oder Sklaven körperlich gezüchtigt werden. Vgl. 2,5,163.

133 *Venussklaven:* Sklaven des Venustempels auf dem Eryx, die Verres zu verschiedenen Diensten verwendete; vgl. 2,3,50. Hier veranlaßte Verres offensichtlich einen Venussklaven, Klage gegen Servilius zu erheben: er habe dem Tempel der Venus Erycina Schaden zugefügt. *Vadimonium promittere:* das Versprechen geben, am festgesetzten Tage vor Gericht zu erscheinen, unter Umständen unter Stellung einer Sicherheit. Vgl. Gaius, *Institutionen* IV 184 f.

134 Dies war offensichtlich von jemandem, vielleicht von dem Venussklaven, auf Verres' Veranlassung hin behauptet worden. Verres wollte das in einem Gerichtsverfahren prüfen lassen. Das Verfahren sollte mit einer Prozeßwette (*sponsio*) durchgeführt werden. Beide Parteien geloben (*spondere*), daß der Unterliegende dem Sieger die vereinbarte Summe zahlen werde (vgl. 2,3,135 und Gaius, *Institutionen* IV 93). Für Servilius ging es aber nicht nur um die 1000 Sesterzen, sondern ihm drohte, wenn er verurteilt würde, der Verlust seiner bürgerlichen Ehre (*infamia*) mit den daraus entstehenden Nachteilen.

135 Der Venussklave war offensichtlich nicht erschienen.

136 Als Statthalter im Rang eines Prätors hatte Verres sechs Liktoren.

137 *Proximus Lictor:* der unmittelbar vor dem Beamten stehende Liktor.

138 Verres. Vgl. 2,2,24.

139 Vgl. 2,2,115 f.

140 Dionysios I. von Syrakus (435-367).

141 Vgl. 2,5,68 f.

142 Sie waren berechtigt, den Bürger durch ihr Veto vor Übergriffen anderer Beamter zu schützen, freilich nur in Rom.

143 Beispielsweise die Laistrygonen der homerischen *Odyssee* (10,80 ff.) sowie Sinis, der auf dem Isthmos Wanderern auflauerte, und Skiron, der auf den gefürchteten »skironischen Klippen« zwischen Megara und Attika hauste und die Wanderer von dort ins Meer stürzte, und andere Unholde des griechischen Mythos.

144 Phalaris: besonders grausamer Tyrann von Agrigent (6. Jahrhundert).

145 Charybdis, Skylla, Zyklop: die bekannten Ungeheuer der *Odyssee*. Charybdis und Skylla hausten an der Meerenge von Messina (vgl. *Odyssee* 12,73 ff.). Die Skylla, ein Ungetüm mit sechs Köpfen und zwölf Stummelfüßen, bellte wie ein junger Hund. Cicero benutzt dieses Motiv zur Anspielung auf die »Hunde«, d. h. die Agenten (vgl. 2,1,126.153; 2,3,28 u. ö.) des Verres.

146 *Soldaten des Sertorius:* vgl. 2,5,72. Dianium: Hafen an der spanischen Ostküste (heute: Denia).

147 Da Verres den römischen Bürgern keine Zeit für Bittgesuche oder Proteste lassen wollte.

148 Die Aufforderung ist an den Gerichtsschreiber gerichtet.

149 Das griechische Verbum δικαιόω bedeutet: die für rechtmäßig gehaltene Strafe verhängen. Eine euphemistische Ausdrucksweise für »hinrichten«. Verres verstand nicht Griechisch.

150 Cicero droht mit einer Anklage vor dem Volk. Vgl. 2,5,173.178 f. und 2,1,12 ff.

151 Vgl. 2,1,34 ff.

152 M. Perpenna (Prätor 82) war das Haupt der Verschwörung gegen Sertorius und wirkte bei dessen Ermordung (72) entscheidend mit. Er befehligte nach dessen Tode das sertorianische Heer und wurde von Pompeius besiegt, gefangengenommen und hingerichtet (72).

153 Wie sie Sulla über seine politischen Gegner verhängt hatte (82/81).

154 Stadt in der Nähe von Neapel (heute: Pozzuoli), der bedeutendste Handelshafen in Süditalien.

155 Leptis Magna, Stadt an der Küste von Tripolitanien.

156 Vgl. 2,5,71.

157 Consa oder Compsa: Stadt im Quellgebiet des Aufidus im südlichen Samnium, etwa 80 km östlich von Neapel (heute: Conza di Campania).

158 Valentiner: vgl. 2,5,40. Reginer: Die Bewohner von Regium (an der Meerenge von Messina; heute: Reggio) hatten während des Bundesgenossenkrieges (91-88) das römische Bürgerrecht erhalten.

159 Vgl. 2,5,42 ff.

160 Der Aufständischen unter Spartacus in Italien.

161 Das Porzische Gesetz (*lex Porcia de tergo civium*; vgl. Liv. 11,9,4) ist ein Provokationsgesetz, das M. Porcius Cato Censorius 198 oder 195 einbrachte und das die Geißelung eines römischen Bürgers verbot. Eine *lex Sempronia* des Gaius Gracchus aus dem Jahr 123 verbot die Hinrichtung eines Bürgers ohne Volksbeschluß (die Pluralbildung *leges Semproniae* ist nicht leicht nachvollziehbar).

162 *Tribunizische Gewalt:* Sulla schränkte die Rechte der Volkstribunen erheblich ein; Pompeius und Crassus, die Konsuln des Jahres 70, stellten sie wieder in vollem Umfang her.

163 Vgl. 2,5,22.

164 Tauromenion (heute: Taormina) vgl. 2,3,13.

165 Die Todesstrafe am Kreuz durfte nur über Sklaven und ausländische Verbrecher verhängt werden.

166 Ein an das Forum grenzender Platz für die Volksversammlungen (*comitia*); dort befand sich auch die Rednerbühne (*rostra*).

167 Für Verres.

168 D. h. schon im ersten Monat vor Ciceros Amtseinführung.

169 Cicero droht abermals mit einer Anklage vor dem Volk. Vgl. 2,5,151.178 ff.; 2,1,12 ff.

170 Anspielung auf einen Justizskandal des Jahres 75. Damals hatte Hortensius, der seinen wegen Erpressungen angeklagten Vetter M. Terentius Varro verteidigte, mit Hilfe eines Richters dafür gesorgt, daß die bestochenen Richter Stimmtafeln mit andersfarbigem Wachs erhielten, so daß man ihr Abstimmungsverhalten kontrollieren konnte. Vgl. die *Rede gegen Caecilius* 24.

171 Wie im Prozeß, in dem er seinen Vetter M. Terentius Varro verteidigte.
172 Im Herbst 70 stellte der Prätor L. Aurelius Cotta den Antrag, die
Gerichtshöfe paritätisch mit Senatoren, Rittern und Ärartribu-
nen zu besetzen. Vgl. die *Rede gegen Caecilius* 8; die *Erste Rede
gegen Verres* 43 ff.; sowie 2,2,174; 2,3,223 f.
173 Sondern in die Verbannung gehen würde, ehe er abgeurteilt sei.
Cicero tut hier so, als ob sich Verres doch noch der zweiten Verhandlung gestellt habe.
174 Zum folgenden vgl. 2,3,7 ff. und 2,4,81.
175 M. Porcius Cato, der berühmte Zensor, Konsul 195; Q. Pompeius, Konsul 141; C. Flavius Fimbria, Konsul 104; C. Marius,
Konsul 107; C. Caelius Caedus, Konsul 94. Alle waren »Neu-
linge« (*homines novi*), d. h. Männer, die als erste ihres Geschlechtes zum höchsten Amt, dem Konsulat, aufgestiegen waren.
176 *Jupiter, dessen königliche Weihegabe:* vgl. 2,4,60 ff. – *Dessen
hochheiliges und wunderschönes Bildnis:* vgl. 2,4,128 ff.
177 Melita (heute: Malta): vgl. 2,4,103 ff. Samos: vgl. 2,1,50 ff.
178 *Minerva . . . in Athen:* vgl. 2,1,45; . . . *in Syrakus:* vgl. 2,4,122 ff.
179 Latona: vgl. 2,1,48. Delos: vgl. 2,1,46 ff.
180 Chios: vgl. 2,1,49. Perge: vgl. 2,1,54. Segesta: vgl. 2,4,72 ff.
181 *Merkur . . . im Gymnasium der Tyndaritaner:* vgl. 2,4,84 ff.
182 Herkules: vgl. 2,4,94 f.
183 Ida: Gebirge in der südlichen Troas (Kleinasien), die Heimat der
großen Mutter, der Kybele. Engyon: vgl. 2,4,87 f.
184 Kastor und Pollux: vgl. 2,1,129 ff.
185 *Ihr Götter alle . . . :* vgl. 2,1,154.
186 Ceres und Libera: vgl. 2,4,106 ff. Catina: vgl. 2,4,99 ff. Henna:
vgl. 2,4,109 ff.
187 Der Prozeß gegen Verres ist wirklich der letzte gewesen, in dem
Cicero als Ankläger aufgetreten ist.

Literaturhinweise

Ausgaben und Übersetzungen

Fuhrmann, M. (Hrsg.): Cicero. Sämtliche Reden. Bd. 4. Zürich/München: Artemis Verlag, 1971. ²1982.

Greenwood, L. H. G.: Cicero. The Verrine Orations. Bd. 2. Cambridge (Mass.): Harvard University Press, 1935. Repr. 1953. [Mit engl. Übers.]

Halm, K.: Die Rede gegen Q. Caecilius und die Anklagerede gegen C. Verres. Viertes und fünftes Buch. In: K. H. (Hrsg.): M. T. Cicero. Ausgewählte Reden. Bd. 2. Berlin: Weidmann, 1878. [Mit Komm.]

Peterson, G. (Hrsg.): M. Tulli Ciceronis Orationes. Bd. 3. Oxford: Clarendon Press, 1907. ²1917. Repr. 1930 [u. ö., zuletzt 1978].

Sekundärliteratur

Albrecht, M. v.: M. Tullius Cicero. Sprache und Stil. In: Paulys Realencyclopädie der classischen Altertumswissenschaft. Suppl.-Bd. 13. Stuttgart 1973. Sp. 1238-1347.

Büchner, K.: Cicero. Heidelberg 1964.

Clarke, M. L.: Die Rhetorik bei den Römern. Göttingen 1968.

Drumann, W. / Groebe P.: Geschichte Roms. Bd. 5,2. Leipzig 1919. S. 313 ff.

Eisenhut, W.: Einführung in die antike Rhetorik und ihre Geschichte. Darmstadt 1977.

Fuhrmann, M.: Cicero und die römische Republik. München/Zürich 1989.

Gelzer, M.: Cicero. Wiesbaden 1968.

Habermehl, H.: C. Verres. In: Paulys Realencyclopädie der classischen Altertumswissenschaft. Bd. 8 A 2. Stuttgart 1958. Sp. 1615 bis 1623.

Habicht, Chr.: Cicero als Politiker. München 1990.

Holm, A.: Geschichte Siziliens im Altertum. Bd. 3. Leipzig 1898.

Seel, O.: Cicero. Stuttgart 1953.

Stocton, G. H.: Cicero. Oxford 1971.

Zielinski, Th.: Verrina – Chronologisches, Antiquarisches, Juristisches. In: Philologus 52 (1893) S. 248-294.

Nachwort

Das fünfte Buch der zweiten Rede trägt eine Überschrift, die nicht Cicero selbst, sondern die Philologen der Kaiserzeit diesem gegeben haben: *De suppliciis* »Von den Leibesstrafen«. Diese Überschrift trifft freilich nur einen Teil der Rede, den düsteren, rhetorisch sehr wirksam geformten Schluß. Für das Ganze wäre eine andere Überschrift passender: »Verres als oberster militärischer Befehlshaber und Richter« oder »Die öffentliche Sicherheit Siziliens während der Statthalterschaft des Verres«.

Das Buch gliedert sich in zwei Hauptabschnitte (1-138 und 139-170). Zu Beginn setzt sich Cicero mit einem möglichen Gegenargument auseinander, das der Verteidiger Antonius einmal in einem anderen Prozeß mit Erfolg angewendet hatte: Verres »mag ein Dieb, ein Tempelräuber, ein Ausbund aller Schandtaten und Laster sein; aber er ist ein tüchtiger Feldherr, aber er war erfolgreich [hat die Provinz vor einem Sklavenkriege und Kriegsgefahren bewahrt] und muß deshalb für unsichere Zeiten des Staates erhalten bleiben« (4 f.). Dieses Argument hatte zwar keine juristische Bedeutung (es handelte sich ja um einen Prozeß wegen Erpressung vor einem Repetundengericht), war aber trotzdem nicht ungefährlich. Denn Rom befand sich damals in einer schwierigen Lage: In Spanien führte Sertorius einen erfolgreichen Krieg gegen die Feldherren des Senatsregimes. In Kleinasien hatte Mithridates wieder zu den Waffen gegriffen. Beide fanden Unterstützung bei den kilikischen Seeräubern, die ihre Raubzüge bis an die italischen Küsten ausdehnten und die Getreidezufuhr nach Rom unterbrachen, weshalb die Konsuln des Jahres 73 zusätzliche Kornkäufe in Sizilien anordneten (s. 2,3,163 und 2,5,52). Schließlich kam es in Italien selbst zum Sklavenaufstand unter Spartacus. In solchen bedenklichen Zeiten ist das Argument »Verres sei ein guter Feldherr, dessen Rom heute mehr denn je bedürfe« nicht ohne Gewicht. Die Richter könnten sich wegen der Verhältnisse

aus politischen Gründen dazu veranlaßt sehen, Verres freizusprechen. Cicero nimmt das Argument ernst. Mit Ironie behandelt er die militärischen Verdienste, die Verres sich angeblich durch die Verhinderung eines Sklavenkrieges erworben hat. Er betont, daß Verres keine militärischen Maßnahmen für die Sicherheit der Provinz zu ergreifen brauchte. Denn nach den beiden vorausgegangenen niedergeschlagenen Sklavenkriegen war die Gefahr einer neuen Erhebung nicht zu befürchten. Auch gegen die entlaufenen italischen Sklaven brauchte Verres keine Sicherheitsmaßnahmen zu ergreifen. In Sizilien herrschte vollkommene Ruhe (1-9).

Im nächsten Abschnitt kommt Cicero zur Sache: Er legt an mehreren Beispielen dar, daß Verres seine Pflicht, in der Provinz für Ordnung und Sicherheit zu sorgen, dazu benutzte, sich persönlich zu bereichern. Besonders kraß war der Fall des Apollonios aus Panormos, den Verres, weil er sich seinen erpresserischen Wünschen widersetzte, ohne Untersuchung und ohne Möglichkeit zur Verteidigung ins Gefängnis sperrte und nach anderthalb Jahren ohne eine erneute Untersuchung freiließ, weil er, wie Cicero wohl mit Recht vermutet, endlich doch von dem wohlhabenden Apollonios Geld erhielt (10-24).

Im folgenden Abschnitt schildert Cicero in witzig-satirischer Weise den Lebenswandel des »Feldherrn« Verres. Bei seinen kurzen Besichtigungsreisen in der Provinz bestieg er nie ein Pferd, sondern ließ sich in einer Sänfte von Ort zu Ort, meist bis ins Schlafzimmer des ihm bestimmten Quartiers, tragen, wo er die Rechtsfälle vom Bett aus nach dem Geldangebot entschied. In erster Linie widmete er sich dem Wein und der Liebe. Den größten Teil des Jahres verbrachte er in dem milden Klima von Syrakus mit Gelagen und Frauen (25-41).

Im zweiten Abschnitt des ersten Hauptteils widerlegt Cicero die Behauptung, daß Verres sich im »Kampf« gegen die Seeräuber hervorragend bewährt habe. Er führt aus, daß Verres gegen Entgelt auf Beiträge, welche die Sizilier vertraglich zur

Verteidigung der Provinz zu leisten hatten, verzichtet habe: so brauchte die reiche Handelsstadt Messana drei Jahre lang kein Schiff mit Besatzung und nicht einen einzigen Soldaten für die Küstenwache zu stellen, weil die Behörden dieser Stadt ihn bei seinen Räubereien unterstützten; auch andere Gemeinden entband er von der Verpflichtung, Matrosen zu stellen, wenn sie ihm Geld gaben; er beurlaubte Matrosen und Soldaten für je 600 Sesterzen und steckte zudem deren Sold und Verpflegungsgeld in die eigene Tasche; den wenigen, die noch Dienst taten, zahlte er nur einen Teil des ihnen zustehenden Geldes aus. Dadurch schwächte er die Flotte so, daß sie im Ernstfall nicht imstande war, die sizilischen Küsten zu schützen (42–62).

Trotzdem gab es immerhin einen Erfolg, wie Cicero im folgenden Abschnitt einräumen muß: zwei Offizieren des Verres gelang es, mit ihren zehn nur halbbewaffneten Schiffen ein mit Beute schwerbeladenes Piratenschiff, das auf dem Meeresgrund festsaß, aufzubringen und nach Syrakus abzuschleppen. Doch auch diese erfolgreiche Tat weiß Cicero für seine Anklage zu verwerten: Verres habe befohlen, das Schiff noch in der Nacht zu entladen, und die kostbare Beute als persönliches Eigentum beschlagnahmt. Außerdem habe er gegen Entgelt einen großen Teil der Piraten, vor allem den Hauptmann, der üblichen Strafe, der Hinrichtung, entzogen. Als Ersatz habe er, um sein Verhalten vor der Öffentlichkeit zu verschleiern, gefangengenommene römische Bürger hinrichten lassen (63–79).

Bisher hat Cicero dargelegt, daß Verres seine oberste Befehlsgewalt dazu benutzte, sich in schamloser Weise zu bereichern. Im folgenden Abschnitt schildert er, wie das Verhalten des Verres die Sicherheit der Provinz gefährdet hat: die gesamte Flotte fällt in die Hände von Seeräubern, die die Schiffe in Flammen aufgehen lassen; die Piraten fahren bis in den Hafen von Syrakus (80–100).

Im weiteren Verlauf des fünften Buches entfernt sich Cicero immer mehr von dem eigentlichen Punkt der Anklage; an die Stelle der juristischen Argumentation tritt die erzählerische

Darstellung. Zunächst berichtet Cicero, wie Verres, der eigentliche Schuldige an dem Untergang der Flotte, die Verantwortung von sich auf die Schiffskommandanten abwälzt: er verhängt ein Strafgericht über sie und läßt sie hinrichten; nur Kleomenes, den er als Oberkommandanten eingesetzt hat, verschont er aus Freundschaft und Rücksicht auf dessen Ehefrau, die seine Geliebte ist (100-138). Damit endet der erste Hauptteil des fünften Buches.

Im zweiten Hauptteil entfernt sich Cicero ganz von der Aufgabe, die er übernommen hat: die Anklage des Verres wegen seiner Erpressungen und Verbrechen an den sizilischen Untertanen. Er spricht mit Empörung von der Auspeitschung und Tötung römischer Bürger, die sich vergeblich auf ihr Bürgerrecht beriefen. Diese Vorgänge mußten römische Gefühle besonders verletzen und werden daher mit Absicht am Ende des Buches erzählt. Doch kommt diese Partie nicht unvorbereitet, sie setzt fort und steigert, was Cicero früher berichtet hat: die Hinrichtung römischer Bürger, die in den Latomien von Syrakus gefangengehalten wurden, an Stelle verschonter Seeräuber und die Tötung der Schiffskommandanten.

Am Schluß des Buches (171-189) wendet sich Cicero noch einmal mit beschwörenden Worten an die Richter und an den Verteidiger Hortensius, sich ihrer Verantwortung und der politischen Bedeutung des Prozeßausgangs bewußt zu sein: es gehe nicht nur um das Recht der Sizilier, sondern auch um das Recht, das Wohl und die Freiheit aller römischen Bürger. Sollte man Verres wider Erwarten freisprechen, werde er Klage vor dem römischen Volke erheben (171-183).

Am Ende ruft Cicero in einem langen, sich über mehrere Seiten erstreckenden Satz die Götter und Göttinnen an und zählt unter Rückgriff vor allem auf das vierte Buch alle Freveltaten auf, die der Kunsträuber Verres an ihnen verübt hat (184-189). »Das fünfte Buch bekundet allenthalben, in den Stilmitteln, im Wechsel der Stimmungen, in der Steigerung des Pathos, einen größeren, künstlerischen Aufwand als die vorausgehenden Teile des Verrinenwerkes; es ist in besonde-

rem Maße für ein lesendes Publikum konzipiert. Dieses Merkmal gilt auch für das Charakterbild des Angeklagten, das nunmehr sein endgültiges Relief, seine an die Geschlossenheit einer Dramenfigur gemahnende Schärfe erhält. Die Habgier ist nach wie vor der beherrschende Zug, die mächtigste Triebfeder im Verhalten des Verres. Sie offenbart sich jedoch erst jetzt in ihrer ganzen Gefährlichkeit; sie erreicht bei der Entlarvung der militärischen Vergehen die Dimension des Hochverrats. Auch die Genußsucht, der Hang zu Ausschweifungen macht eines der von Anfang an begegnenden Grundmotive im Charakterbild des Verres aus; auch diesem Laster verleiht Cicero zumal im fünften Buch, in den satirischen Schilderungen des ersten Hauptteils (25 ff. 80 ff.), überaus lebhafte Farben. Ähnliches gilt endlich für den dritten hervorstechenden Zug im Porträt des Verres, für die Brutalität, die Grausamkeit: dieser Zug war ebenfalls schon immer präsent; er wird ebenfalls im fünften Buch, in Schilderungen, die alle Register der Rhetorik beanspruchen (100 ff. 158 ff.), zu äußerster Intensität gesteigert«.[1]

1 M. Tullius Cicero, *Sämtliche Reden*, eingel., übers. und erl. von M. Fuhrmann, Bd. 4, Zürich ²1982, S. 237 f.

Inhalt

De supliciis / Von den Leibesstrafen   4

Zum Text 181
Anmerkungen 182
Literaturhinweise 194
Nachwort 195